POLYGLOTT on tour

Mittelitalien

Toskana · Umbrien · Marken

Monika Pelz

Special

Allgemeines

Stadtbeschreibung

Den Charme einer italienischen Großstadt verspüren und einzigartige Meisterwerke berühmter Renaissancekünstler in den Kirchen, Palästen und Museen der Stadt genießen.

Touren

Tour 1

Berge, Küste und Kultur

Seite 38

Weiß von Marmor leuchten die Apuanischen Alpen oberhalb Carraras. Badespaß bietet die ligurische Küste, die Piazza dei Miracoli in Pisa eine »wunder«volle Abwechslung.

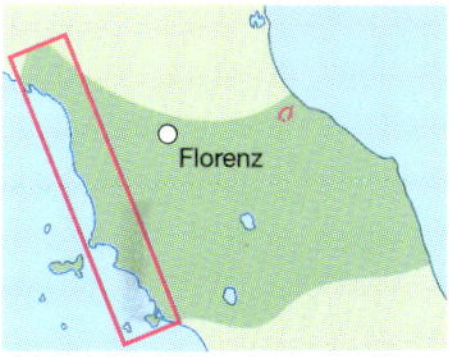

Tour 2

Ferieninsel Elba

Seite 45

Wandern, faulenzen, baden und auf den Spuren Napoleons wandeln – mit seiner schönen Natur und einer Vielfalt von Stränden bietet Elba sich als Insel zum Ausspannen an.

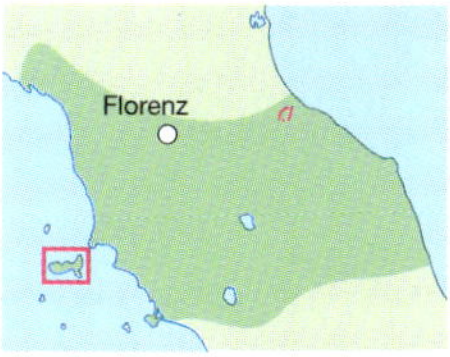

Tour 3

Klassische Städte der Toskana

Seite 52

Hinter Lucca lädt Montecatini Terme zum Thermalbad. Klassische Höhepunkte der Toskana sind die Städte San Gimignano und Volterra. Pinocchio führt ins Reich der Fantasie.

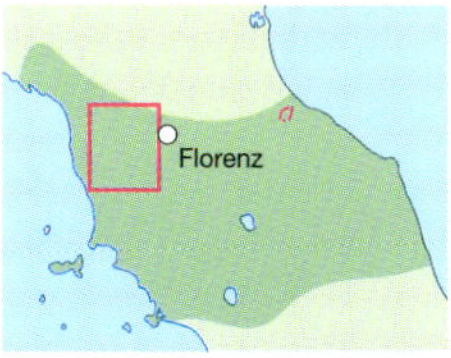

Tour 4

Roter Chianti & ein ruhender Vulkan

Seite 63

Zwei Toskana-Klassiker: Siena und der rote Wein! Weingüter, Städtchen wie Montepulciano und Chiusi sowie das Wandergebiet des Monte Amiata, eines erloschenen Vulkans, runden diese Tour ab.

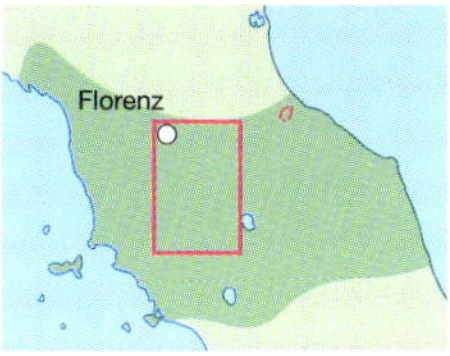

Tour 5 Von der Toskana nach Umbrien

Seite 72

Piero della Francesca mit seinen Fresken lockt in das charmante Arezzo, bevor der Lago Trasimeno, die kleine Hauptstadt Perugia und das raue Gubbio nach Umbrien entführen.

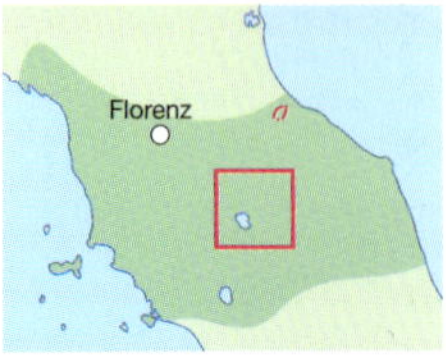

Tour 6 Valle Umbra & nördliches Latium

Seite 79

Große mittelalterliche Kunst findet man in Assisi, der Heimat San Francescos, des Schutzpatrons Italiens, aber auch in Orvieto und Viterbo; reizvolle Landschaften umgeben den Vulkansee Lago di Bolsena.

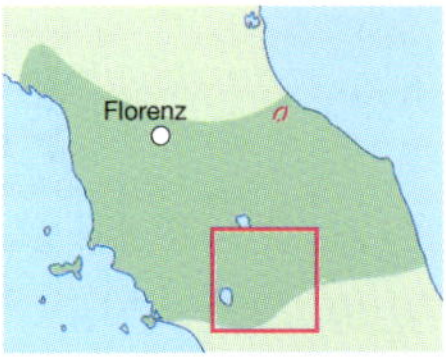

Tour 7 Die Adriaküste mit Hinterland

Seite 89

Weite Sandstrände und kleine Buchten an der Adria, San Marino, die kleinste Republik der Welt, dazu Kunst, Naturschutzgebiete und viel Kurioses in den Hügeln der Marken.

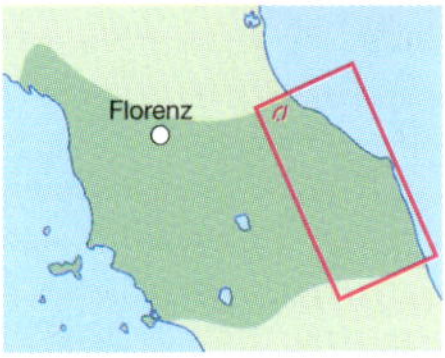

Bildnachweis

APA Publications/ G. Galvin & G. Taylor: 17, 19-1, 28, 47, 53, 56, 57, 59, 64, 69, 72, 73; Bildarchiv Steffens/ Werner Haidt: 83-1; Bildarchiv Steffens/ Ladislav Janicek: 30; Bildarchiv Steffens/ Dieter Klöppel: 86; creativ collection, Freiburg: 6/7 (Fondbild); Werner Dieterich: 50-2; Hedda Eid: 14, 78-2; Elisabeth Galikowski: 9, 60; Veit Haak: 78-1, Umschlagrückseite (oben); Rainer Hackenberg: 25-1, 89, 93, 95, 96, 97; Herbert Hartmann: 1, 2-1, 6, 11, 29-1, 31, 32, 33, 35, 36, 74, 85, Umschlagrückseite (unten); Siegmar Hohl: 5, 79, 83-2; Ladislav Janicek: 99; Gerold Jung: 27, 40, 63, 76; laif/ Hedda Eid: 10, 10/11 (Fondbild); Libuse Luppi: 22; Mainbild/ Ben Simmons: 19-2; Daniele Messina: 92; Monika Pelz: 2-2, 12, 25-2, 48, 50-1, 82; Dirk Renckhoff: 7; Hubert Stadler: 8, 8/9 (Fondbild), 55; Klaus Thiele: 65; Titelbild: Ernst Wrba

Weißer Sand in der einsamen Badebucht

Strände wie aus dem Bilderbuch? Einsam, naturbelassen, man hört nur das Rauschen des Meeres, riecht die salzige Luft und spürt den Wind auf der Haut? Der Traum vieler Urlauber angesichts der Strände, die mit Sonnenschirmen zugepflastert sind, wo ohrenbetäubende Musik zur Aqua-Gym aus Lautsprechern dröhnt und öliger Sonnenmilchduft in der Luft hängt. Es gibt sie aber noch, die unverbauten Flecken, ohne Badeanstalt, selbst in der Toskana und den Marken.

Maremma-Träume

Das dunkle Grün der Monti dell'Uccellina erhebt sich nur wenige Meter hinter dem weißen Strand, der vom blauen Wasser umspült ist. Der Strand von Alberese im Naturpark der Maremma in der südlichen Toskana bei Grosseto erstreckt sich kilometerlang vor der dichten, fast baumhohen Macchia der Hügel. Um dieses Ökosystem zu schützen, ist im Sommer der Zugang von Autos und Menschen begrenzt. Wenn man früh genug und nicht gerade am Wochenende kommt, findet man selbst mitten im Hochsommer noch einsame Stellen, weit entfernt von italienischen Mammas mit Kleinkindern. Auch in den anderen Jahreszeiten lohnt der Abstecher! Die geschützte Küste ist ca. 20 km lang, der schönste Abschnitt südlich der Torre di Collelungo. Direkt an der Ombrone-Mündung im Norden von Marina di Alberese sollte man das Baden meiden.

Von einer Bucht zur nächsten

Der weiße Kalkfelsen des Conero (572 m) dient seit der Antike den Seefahrern als Orientierungspunkt an der flachen Westküste der Adria. Unzählige kleine Buchten liegen unterhalb des Berges, gekennzeichnete Wanderwege und verschlungene Pfade führen durch die Macchia hinunter. Der längste Kieselstrand findet sich in Sirolo (300 m), Sand gibt es in Numana. Zu Fuß oder mit dem Boot erreicht man die schönsten Badeplätze, genießt selbst im Hochsommer abseits vom großen Touristenrummel die Adria und am Abend vielleicht einen Schluck des lokalen Rotweins Rosso Conero ...

Auch die Toskana hat ihre Inseln

Ob Sie nun familienfreundliche Sandstrände suchen (auf Elba in Lacona und Marina di Campo), als sonnenhungriger FKK-Fan breite Granitplatten (im Westteil Elbas), die größte Insel des Toskanischen Archipels bietet sie. Wenn Sie aber Baden in ganz ursprünglicher Natur lieben, empfiehlt sich ein Ausflug auf die kleine Insel Pianosa, wo man in der zauberhaften Bucht Cala Giovanna ins kühle Nass tauchen kann. Herrliche Badebuchten warten auch auf Giglio (neben einem Sandstrand in Giglio Campese), doch sie erreicht man nur vom Meer aus.

- **Parco Naturale Regionale della Maremma,** Besucherzentrum in 58010 Alberese, Via del Fante, Tel. 05 64 40 70 98. Zufahrt zum Strand im Norden über Marina di Alberese oder Torre di Collelungo (erreichbar zwischen Spergolaia und Alberese), im Süden von Talamone aus.
- **Parco Naturale Regionale Monte Conero,** Parksitz Via Vivaldi 1/3, 60020 Sirolo, Tel. 071 933 1161, Fax 071 933 03 76, Besucherzentrum in Sirolo, Via Peschiera 30/a, Tel./Fax 0719 33 18 79.
- **Parco Nazionale dell'Arcipelago Toscano,** Via Guerrazzi 1, Portoferraio (Insel Elba), Tel. 05 65 91 94 11, www.islepark.it;
- Ausflüge nach Pianosa: **Il Viottolo,** Marina di Campo (Insel Elba), Tel./Fax 05 65 97 90 05, www.ilviottolo.it;
- Fährverbindungen nach Elba und Giglio: **Toremar,** Piazzale Premuda, Tel. 0 56 53 11 00, Fax 0 56 53 52 94, www.toremar.it

Unberührte Stranddünen – nur zum Anschauen

Badeverbot herrscht im **Naturpark San Rossore** bei Pisa. Dafür überrascht am geschützten, ganz natürlichen Strand eine sonst in der Toskana nicht mehr anzutreffende Dünenlandschaft, die man auf geführten Wanderungen anschauen, aber nicht betreten kann.

- **Parco Naturale Regionale Migliarino-San Rossore-Massaciuccoli,** Parksitz Via Aurelia Nord 4, Tel. 050 52 55 00, Fax 050 533 650; Besucherzentrum Cascina Vecchia in der Tenuta San Rossore, Tel. 050 53 0101 (hier auch Anmeldung für die Wanderungen zum Strand, Fahrradtouren und Zugfahrten jeden Sa, So um 10 u. 15.30, im Winter um 10 u. 14.30 Uhr). Für Ausritte und Kutschenfahrten Besucherzentrum La Sterpaia, Tel. 050 52 30 19.

Auf zum **Fest** von **Kirsche** und **Kastanie**

Feste Feiern ist das Höchste für die Menschen in Mittelitalien. Im Zentrum steht dabei das kulinarische Erlebnis, man isst gemeinsam in großer Gesellschaft. Zum Essen können bei einer Sagra Musik und Tanz kommen, ein abschließendes Feuerwerk oder eine Ausstellung zum Thema. Alles dreht sich jedoch um das Produkt, dem das Fest gewidmet ist.

Kirsch- und Kastaniensagra

Die heutigen »Fressfeste« waren einmal dem Erntedank gewidmet, die traditionellen Sagre gelten daher stets einem Agrarprodukt: die Sagra delle ciliege, die Kirschsagra, wird Ende Mai in Lari in den Pisaner Hügeln zur Kirschenernte gefeiert. Eine lange Tradition haben auch Kastaniensagre im Herbst (La Castagna in Festa) in den bewaldeten Hügel- und Berggebieten der Toskana, im Süden der Livorneser Provinz (Sassetta, Suvereto) sowie im Mugello und rund um den Monte Amiata (im Oktober Arcidosso, Castel del Piano, Piancastagnaio).

- APT Via B. Croce 24/26, Pisa, Tel. 05 04 00 96, www.turismo.toscana.it
- APT dell'Amiata, Via Adua 25, Abbadia San Salvatore, Tel. 05 77 77 58 11

Glossar

Die häufigsten Sagre:
cinghiale – Wildschwein;
fragola – Erdbeere;
ciliege – Kirschen;
castagne – Kastanien;
funghi – Pilze;
tartufo – Trüffel;
pinoli – Pinienkern;
polenta – Maisbrei;
pesce – Fisch;
anguilla – Aal;
tortello – gefüllte Nudel ...

Gäste willkommen …

Die Produktpalette hat sich im Lauf der Zeit erweitert, gefeiert werden jetzt auch die Sagra della Pizza oder die Sagra dei Tortellini. In kleinen Orten finden besonders viele Sagre statt. Sie werden von der Kommune, einem Sportverein, der Feuerwehr oder einer anderen lokalen Vereinigung organisiert. Man isst hier frisch Gekochtes gut und preiswert, Gäste sind immer willkommen.

In einem großen Zelt oder auf einer Wiese stehen Tische und Bänke, gastronomische Stände verkaufen das Hauptprodukt. Bei einer Sagra del cinghiale (Wildschweinsagra) schlemmt man sich vom Antipasto aus Wildschweinsalami über ein Nudelgericht mit Wildschweinsoße bis zum Hauptgang durch, einem Wildschweingulasch. Bei einer Kirschsagra stehen im Vordergrund die Früchte, aber auch Antipasti, Nudelgerichte und Hauptgerichte kommen auf die Tische.

Die schönsten Sagre

Die Sagra della Bistecca wird am 14. und 15. August in Cortona im Stadtpark Il Parterre abgehalten. Hier werden am größten Grill der Welt (Eigenwerbung der Cortoneser!) die Steaks der Chianina-Rinder zubereitet. Zu den teuersten Sagre zählen die Trüffel-Feste Ende Juli in Terzo San Severo, Anfang August in Montemartano (beide nordwestlich von Spoleto) sowie drei Wochen im November in San Miniato.

Schmackhaftes bieten auch die Fischsagre im Sommer entlang der Küsten: Sagra dei Garagoj (Purpurschnecken) in Marotta (zwischen Fano und Senigallia) oder Sagra del Pesce in Caletta di Castiglioncello südlich von Livorno (beide Anfang Juni), bei der nach dem Cacciucco-(Fischsuppen)-Essen ein Feuerwerk am Sonntagabend das Fischfest abschließt.

Tipp Die Touristeninfobüros der Provinzhauptstädte informieren über die größeren Sagre in ihrer Provinz. Zu den kleineren Sagre findet man über die Plakate an Mauern und Wänden, mit denen die Veranstalter für ihre Feste werben. Augen aufhalten!

- **APT,** Via Nazionale 42, 52044 Cortona, Tel. 05 75 63 03 52/3
- **Ufficio Turistico,** Piazza del Popolo, San Miniato, Tel. 0 57 14 27 45, Fax 05 71 41 87 39.
- **APT,** Piazza dell Libertá 7, 06049 Spoleto, Tel. 07 43 22 03 11
- **APT Costa degli Etruschi,** Piazza Cavour 6, Tel. 05 86 89 81 11, Fax 05 86 89 61 73, www.livorno.turismo.toscana.it

Skulpturenparks

Natur und Skulptur, Landschaft und Kunst: Diese Wortpaare drücken keine Gegensätze mehr aus. Artefakte werden in die freie Natur integriert, Kunst wird für die Umgebung geschaffen, der natürliche Rahmen als Teil des Kunstobjekts gesehen. In Mittelitalien hat diese Verbindung Tradition: 1552 ließ Fürst Vicino Orsini den **Parco dei Mostri** in Bomarzo (nordwestlich von Viterbo), anlegen: Groteske Steinmonster und phantastische Figuren stehen mitten in dichter Vegetation.

Steinmonster in dichter Vegetation

Verwunschenes am Amiata

Dieser erste Skulpturenpark inspirierte auch Daniel Spoerri, den rumänischen Globetrotter, zum **Giardino di Daniel Spoerri** in Seggiano am Monte Amiata. Keine großen Monsterfiguren, eher verträumte Skulpturen voller Zauber setzte Spoerri gemeinsam mit befreundeten Künstlern in den weitläufigen Park seines Anwesens. Man muss wandern, schauen, innehalten, den Windgeräuschen in den Kunstobjekten zuhören, um die ganz eigentümliche Stimmung dieses 16 ha umfassenden Parks aufzunehmen. Ein Lokal lädt vor Ort zum Imbiss nach dem Spaziergang.

Schrilles und Buntes im Olivenhain

Bunt, schillernd, leuchtend gibt sich der **Giardino dei Tarocchi** der Künstlerin Niki de Saint Phalle in der Nähe von Capalbio in der dichten grünen Macchia der südlichen Maremma. Zu ihren überlebensgroßen Figuren aus Beton, die mit Glitzerspiegeln und farbenfrohen Kacheln verkleidet sind, inspirierten sie die Tarot-Karten. Ungewöhnlich geformte Figuren wirken als magischer Blickfang, ziehen den Betrachter in ihren Bann. In der »Herrscherin« mit ihren mächtigen Brüsten, einer geheimnisvollen Sphinx, wohnte die Künstlerin bei ihren Aufenthalten im Garten.

Tipp Wildgerichte sind die Spezialität im Hügelland, u. a. in der **Trattoria Da Maria,** Capalbio, Tel. 05 64 89 60 14, Di. geschl. OO

Kleinere Skulpturenparks

Installationen, die Kunst und Natur vollkommen in Einklang bringen, zeigt die Sammlung Gori in Santomato (8 km östlich von Pistoia) im 20 ha großen Garten der **Villa di Celle.** Der Bildhauer Quinto Martini (1908–1990) schenkte seinem Geburtsort Seano (3 km nördlich von Carmignano, Provinz Pistoia) die in dem hübschen Museumspark aufgestellten Bronzewerke (tgl. geöffnet, freier Eintritt).

▮ **Villa di Celle,** Via Montalese 7, 51030 Santomato di Pistoia, geöffnet nach Voranmeldung unter Tel. 05 73 47 99 07, Fax 05 73 47 94 86.

Stonehenge in Umbrien

27 bis zu 4,5 m hohe steinerne Skulpturen erinnern an den magischen Ort in Südengland. Die aus der lokalen *pietra serena* gemeißelten Stelen schufen Künstler aus aller Welt auf der grünen Wiese direkt am Trasimener See. Besonders am Abend, wenn die letzten Sonnenstrahlen den Stein warm erleuchten, geht von diesem **Campo del Sole** (Sonnenfeld) ein ganz eigener Zauber aus.

▮ **Parco dei Mostri,** Bomarzo, tgl. geöffnet von 8.30 Uhr bis Sonnenuntergang.
▮ **Giardino di Daniel Spoerri,** Seggiano, geöffnet Mitte Juli–Okt. tgl. außer Mo 16–20 Uhr, Ostern–Mitte Juli nur Sa/So nachmittags, sonst Tel. 05 64 95 04 57, Fax 05 64 96 70 93, E-Mail: cred@amiata.net, www.danielspoerri.org;
▮ **Giardino dei Tarocchi** bei Capalbio, 58011 Capalbio, Ortsteil Garavicchio, Tel. 05 64 89 51 22, Fax 05 64 89 57 00, www.nikidesaintphalle.com, geöffnet Mitte Mai–Mitte Okt. tgl. 14.30–19.30 Uhr.
▮ **Campo del Sole,** Tuoro sul Trasimeno, Ortsteil Punta Navaccia, www.comune.tuoro-sul-trasimeno.pg.it; Infobüro Pro-Tuoro, Via Ritorta 1, 06069 Tuoro sul Trasimeno, Tel./Fax 075 82 52 20, E-Mail: tuoro@edisons.it, www.annibale.it

Zwischen den Meeren

Lage und Landschaft

Der Reiz der drei Regionen Toskana, Umbrien und Marken besteht in ihrer Vielseitigkeit. Schroffen Gipfeln mit über 2000 m Höhe in den umbrisch-märkischen Monti Sibillini und den Apuanischen Alpen der Toskana stehen Sandstrände und Felsbuchten an der Adria und dem Tyrrhenischen Meer gegenüber. Dazwischen liegen die Hügelketten des Vorapennin und die weite Hügellandschaft Umbriens und der Toskana. In den nördlichen Marken ragen die Felsen jäh in den Himmel. Umbrien, das als einzige Region des italienischen Stiefels keine Meeresküste besitzt, steuert zu diesem Ensemble seine »blauen Augen« bei – darunter den viertgrößten See Italiens, den Lago Trasimeno.

Vielfältige Flora

Die Vegetationsformen entsprechen den unterschiedlichen Bodentypen und Höhenlagen. Von der Palme bis zum Edelweiß, von den macchiabewachsenen Hügeln bis zu den fast wüstenartigen Crete (s. S. 68) im

Frühsommerliches Getreidefeld bei Città della Pieve

Süden Sienas, von den verlassenen, versteppten Feldern der Marken bis zum Hochgebirgswald, den Krüppelkiefern und Bergweiden reicht die breite Palette. Doch oft ist es nur eine einzige Landschaft, die dem Besucher vor Augen schwebt: dunkelgrüne Zypressenalleen, goldgelbe Getreidefelder, im Sonnenlicht silbrig glitzernde Olivenbäume und herbstlich bunt gefärbte Weinberge und Laubwälder.

Kulturlandschaften und ungezähmte Wildnis

Am stärksten von Menschenhand gezähmt und geformt wurde die Natur in der Toskana, deren anmutige Hügellandschaft wie ein großer Park wirkt. Nicht minder anziehend sind die vielfältigen Grünschattierungen Umbriens, die vom tiefdunklen Nadelwald bis zum lichten Farbton der Pappeln entlang von Tiber oder Nera reichen. In den Marken erscheint die Natur herber, wilder, die Hügel weniger sanft. Seit alters her gelangt man hier am leichtesten an den parallel verlaufenden Flüssen von der Küste ins noch unbekannte Hinterland.

Charles Dickens war begeistert vom Panorama Mittelitaliens und schrieb: »Wieviel Schönheit erfährt man, wenn man an einem lieblichen klaren Morgen von einer Anhöhe auf Florenz hinabblickt!« Ihm hatte es vor allem die Kunst angetan. Im Herzen Italiens kann man Naturschönheiten ebenso wie die großartige Architektur in Städten, Dörfern und einsam gelegenen Abteien erleben.

Reisezeit

Die schönste Jahreszeit für einen Besuch Mittelitaliens ist der Frühling. Dann verwandeln sich die Wiesen in ein wahres Blütenmeer, färben Mohnblumen die Getreidefelder rot, leuchtet das Gelb des Ginsters in der Macchia. Der Cappuccino lässt sich in dieser Zeit schon im Freien genießen, und das Kulturprogramm in den Städten ist ohne die Sommerhitze noch nicht ganz so anstrengend.

Ob ein Besuch von Florenz oder Perugia im Hochsommer bei bis zu 40 °C noch ein Vergnügen ist, muss jeder selbst entscheiden. Im Landesinneren bewegt sich in dieser Zeit oft tagelang kein Windhauch. Dennoch sind die Kunststädte der Toskana, vor allem die berühmten, überlaufen. Wer im Juli oder August anreist, bekommt auch eine Menge geboten – vom Jazzkonzert über den Tanzabend bis zum Feuerwerk – das meiste umsonst.

Die tyrrhenische Küste wird weniger stark von Touristen besetzt als die Adria. Ideal zum Wandern – und bis in den September hinein auch zum Baden – ist der Herbst, wenn das bunte Laub der Bäume und Weinreben einen farbenprächtigen Blickfang bildet. Den Regenschirm sollte man dann aber ebenso dabeihaben wie im Frühjahr!

Natur und Umwelt

Die Schutzgebiete

Seit einigen Jahren ist man bemüht, die Landschaften Mittelitaliens besser zu schützen. In den Marken stehen 8,9 % der Landesfläche unter Naturschutz, 7 % sind es in Umbrien, 6,5 % in der Toskana. Als erstes Naturschutzgebiet wurde in der Toskana 1975 der Parco dell'Uccellina in der Maremma mit 177 km² eingerichtet. Der mit 540 km² größte Naturpark (1985 gegründet) liegt in den Apuanischen Alpen, der letzte mit 350 km² wurde 1991 im waldreichen Casentino östlich von Florenz ausgewiesen. In den Marken hat man sieben kleinere

Klima und Reisezeit

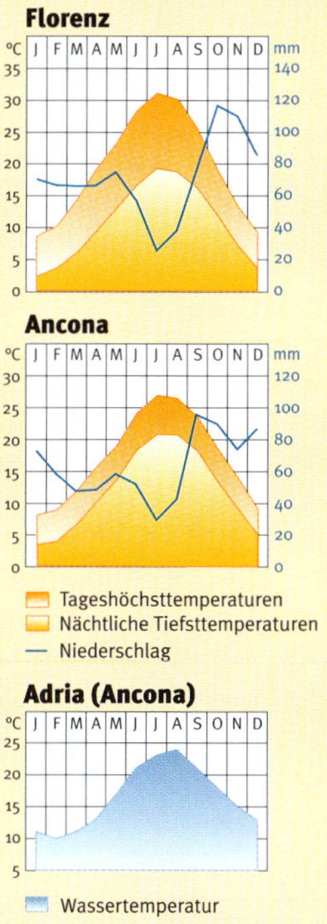

Naturschutzgebiete geschaffen (200 bis 5800 ha) sowie 1990 den Nationalpark der Sibillinischen Berge, der mit seinen 700 km² bis nach Umbrien übergreift. Er bietet Wolf, Dachs, Uhu und Adler ein Revier und ist gut zum Wandern geeignet. Entlang der Grenze zu den Marken liegen die umbrischen Regionalparks um den Monte Cucco (1566 m), den 1290 m hohen Subasio sowie zwischen Spoleto und Cascia um die Gipfel Coscerno (1685 m) und Aspra (1652 m).

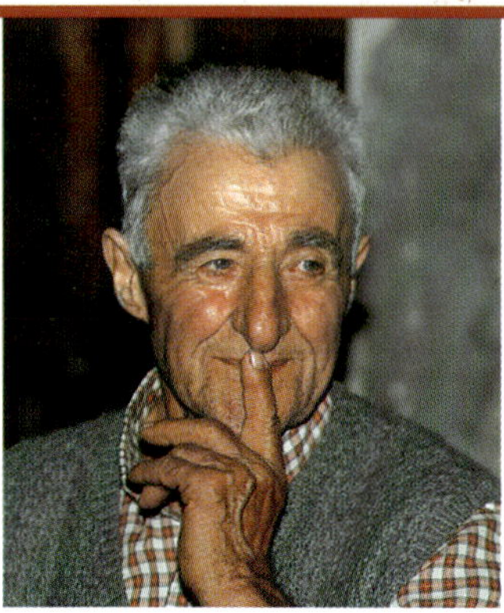

Umweltprobleme

Große Industrieanlagen findet man in Mittelitalien nur in den umbrischen Städten Terni und Narni Scalo sowie bei Ancona und Falconara an der Adria. Mit Ausnahme von Florenz fehlen größere Städte mit extremer Smogbelastung. Ihre Zentren sind meist für den Autoverkehr gesperrt und erlauben entspanntes Bummeln.

Probleme bereitet vor allem der Wasserschutz. In der Nähe von Flussmündungen sollte man lieber aufs Baden verzichten. Die Wasserqualität der umbrischen Seen ist dagegen gut, nur der seichte Lago Trasimeno gibt hin und wieder zu Bedenken Anlass.

Bevölkerung und Brauchtum

Den *senso civico* – frei übersetzt als »Gemeinsinn« – haben die Bewohner der drei zentralitalienischen Regionen schon im Mittelalter entwickelt, als die größeren Städte autonome Kommunen bildeten und sogar die kleineren Orte eigene Statuten besaßen. Die Händler und Handwerker organisierten sich in Zünften und Korporationen, die sich sowohl um das Geschick ihrer Mitglieder als auch um den Zustand des Gemeinwesens kümmerten. Auch heute noch gibt es in Mittelitalien erstaunlich viele Kooperativen. Wer durch die Städte und Orte streift, wird oft genug blitzblanke Straßen und eine Piazza, gepflegt und sauber wie ein Wohnzimmer, vorfinden.

Neben dem *senso civico* bestehen auch einige Unterschiede zwischen den *Toscani, Umbri* und *Marchigiani:* Die Umbrer etwa zeichnet extreme Volksfrömmigkeit aus. Über 50 (!) umbrische Heilige und unzählige *beati* (Selige) werden auch heute noch mit großem Eifer verehrt und gefeiert. Auffällig ist die ausnehmende Freundlichkeit der Umbrer.

Kontrastreich wie die Landschaft ist auch die soziale Kultur der Marken von Ancona, von Camerino und von Fermo sowie der Provinz Ascoli Piceno, die erst 1815 als *Le Marche* zusammengefasst wurden. Nicht einmal einen einheitlichen Dialekt kann diese Region aufweisen, verläuft doch am Esino bei Ancona die inneritalienische Sprachgrenze zwischen den nördlichen und südlichen Varianten des Italienischen.

Das Charakteristikum der Toskaner wiederum ist gerade ihre Sprache. Wer Italienisch spricht, wundert sich, dass er die Menschen hier besonders gut versteht. Dante, Petrarca und Boccaccio – die drei italienischen Dichterfürsten – schrieben in toskanischem

(Florentiner) Dialekt. Daher wurde dieser im 16. Jh. zur Nationalsprache erhoben. Heute lehrt man ihn als italienische Hochsprache.

Wirtschaft

Die drei mittelitalienischen Regionen stehen mit ihren Arbeitslosenquoten (Toskana 5,1 %, Umbrien 5,3 %, Marken 4,6 %) weit besser da als der gesamtitalienische Durchschnitt, der sich um 11,8 % bewegt.

Dies liegt weniger an der etwa vorhandenen Großindustrie als vielmehr an den unzähligen Kleinbetrieben, die vor allem in den Marken, wo noch 40,9 % der Beschäftigten in der Industrie arbeiten (Toskana 34 %, Umbrien 32,7 %), das wirtschaftliche Rückgrat bilden. Die Produktpalette ist in allen drei Regionen ähnlich: Schuhe, Möbel, Textilien, Keramik, Papier- und Lederwaren sind aufgrund ihres anspruchsvollen Designs auch im Ausland hoch begehrt.

Die bekanntesten Exportprodukte der Toskana, Wein und Olivenöl von ausgezeichneter Qualität, lassen den Eindruck entstehen, die Wirtschaft der Region basiere ganz auf Agrarerzeugnissen. In der Toskana arbeiten jedoch nur noch 4 % der Erwerbstätigen in der Landwirtschaft, in Umbrien sind es noch 4,8 %, in den Marken lediglich 4 %. Die Betriebe sind fast ausschließlich in Familienbesitz.

Umbrien liegt beim Tabakanbau an dritter Stelle in Italien; Tabak gedeiht vor allem im oberen Tibertal. Die Marken nehmen in puncto Fischfang den vierten Rang ein, und die Toskana bildet die Nummer 2 bezüglich der Anbaufläche für DOC-Weine.

Der Dienstleistungsbereich gibt den Menschen Mittelitaliens Arbeit: etwa 62 % in der Toskana und in Umbrien, rund 55 % in den Marken sind im öffentlichen Dienst oder im Tourismus beschäftigt. Mit über 30 Mio. Übernachtungen hält die Toskana den Spitzenplatz vor den Marken mit elf und Umbrien mit über vier Millionen.

Steckbrief

	Toskana	Umbrien	Marken
Fläche	22 993 km² (= 7,6 % der Fläche Italiens)	8456 km² (= 2,8 % der Fläche Italiens)	9694 km² (= 3,2 % der Fläche Italiens)
Höchster Berg	Monte Prato (2053 m)	Cima del Redentore (2449 m)	Monte Vettore (2478 m)
Küstenlänge	572 km	–	172 km
Bevölkerung	3 514 000 Einw.	833 000 Einw.	1 458 000 Einw.
Gliederung	10 Provinzen (Arezzo, Firenze, Grosseto, Livorno, Lucca, Massa Carrara, Pisa, Pistoia, Prato, Siena)	2 Provinzen (Perugia, Terni)	4 Provinzen (Ancona, Ascoli Piceno, Macerata, Pesaro-Urbino)
Größte Stadt	Florenz (Firenze) (352 200 Einw.)	Perugia (158 300 Einw.)	Ancona (98 400 Einw.)

Geschichte im Überblick

Um 900 v. Chr. Villanova-Siedlungen in Toskana und Marken.
Ab 7. Jh. v. Chr. Rechts des Tibers siedeln in der Toskana und in Umbrien Etrusker, links des Tibers Umbrer und in den Marken Pizener.
Bis 4. Jh. v. Chr. Blütezeit des Etruskerreiches.
280 v. Chr. Abschluss der römischen Eroberung Mittelitaliens,
476 n. Chr. Untergang des Weströmischen Reiches.
568 Die Langobarden nehmen die Toskana und die südlichen Gebiete Umbriens und der Marken ein.
751 Die Langobarden erobern byzantinische Gebiete Mittelitaliens.
774 Karl der Große gewinnt das Langobardenreich und unterstellt es kaiserlichen Grafen; die ehemals byzantinischen Gebiete schenkt er dem Papst und begründet damit den Kirchenstaat.
11./12. Jh. Die Städte profitieren von der Rivalität zwischen Papst- und Kaisertum und bilden autonome Kommunen unter der Oberhoheit von Papst oder Kaiser.
13./14. Jh. Heftige Machtkämpfe zwischen und in den Städten.
15. Jh. Alleinherrschaften einzelner Familien, so genannte Signorien, entstehen; Aufbau von Regionalherrschaften durch Florenz und Siena, um Urbino und Gubbio herrscht die Montefeltro-Familie. Florenz entwickelt sich zum wichtigsten Kulturzentrum Europas, die Renaissance erreicht unter dem Medici Lorenzo il Magnifico ihren Höhepunkt.
1530 Kaiser Karl V. übergibt die Toskana als Herzogtum an die Familie der Medici.
1540/50 Die Unterwerfung Perugias, Anconas und des Herzogtums Camerino sichert den Kirchenstaat in Umbrien und den Marken.
1555 Cosimo I. de' Medici gewinnt Siena zum Herzogtum der Toskana hinzu.
1631 Nach dem Aussterben der Della-Rovere-Familie fällt das Herzogtum Urbino an den Kirchenstaat.
17. Jh. Allgemeiner Niedergang in Mittelitalien. Im Kirchenstaat liegen alle höheren Verwaltungsposten in den Händen des Klerus.
1737 Tod des letzten Medici Gian Gastone; die Toskana fällt an Österreich.
1798/99 Französische Truppen besetzen den Kirchenstaat, Napoleons Schwester erhält die Toskana als Großherzogtum.
1815 Der Kirchenstaat breitet sich in Umbrien und den Marken aus, die Österreicher in der Toskana.
1860 Die Toskana, die Marken und Umbrien werden Teil des neuen Königreichs Italien, 1865 bis 1871 ist Florenz die Hauptstadt Italiens.
1943/44 Die Hafenstädte Ancona und Livorno sowie die Waffenschmiede Terni werden bei Bombenangriffen stark zerstört.
1970 15 neue Regionen, unter ihnen die Toskana, Umbrien und die Marken, entstehen.
1997 Das Erdbeben vom 26.9. verursacht vor allem in Umbrien schwere Schäden.
2001 Mehrjährige Rettungsaktion für den Schiefen Turm von Pisa erfolgreich abgeschlossen.
2002 Abschied für die Lira: Auch in Italien wird der Euro eingeführt.

Kultur gestern und heute

Künstler und Geistesgrößen

Drei der bedeutendsten Vertreter der italienischen Literatur, **Dante Alighieri** aus Florenz (1265–1321), **Francesco Petrarca,** der in Arezzo geboren ist, (1304–1374), und **Giovanni Boccaccio** aus Certaldo, (1313–1375), stammten aus der Toskana. Ihre literarischen Erfolge machten den toskanischen Dialekt zur italienischen Nationalsprache. **Niccolò Machiavelli** (Florenz, 1469–1527) wurde mit seinem Werk Il Principe (»Der Fürst«) als Vater der politischen Wissenschaften berühmt.

Galileo Galilei (Pisa, 1564–1642) zählt zu den wichtigsten Astronomen und Physikern aller Zeiten. Seine Forschungen befreiten die Wissenschaften vom Staub des Mittelalters und stellten sie auf empirisch nachprüfbare Grundlagen. **Giacomo Puccini** (1858–1924) stammte aus Lucca und zählt wie Pietro Mascagni (1864–1945) aus Livorno und **Gioacchino Rossini** (1792–1868) aus Pesaro zu den bedeutendsten italienischen Komponisten. Der Tenor **Beniamino Gigli** (1890–1957) und der Dichter **Giacomo Leopardi** (1798–1837) mit seiner melancholischen Dichtung machten Recanati, ihre Heimatstadt in den Marken, berühmt.

Früheste Siedler

Wer besiedelte das Land zuerst? Aus der Steinzeit wurden in Mittelitalien Steinkeile, Pfeilspitzen und erste Schmuckstücke gefunden, die in den Archäologischen Museen von Perugia und Ancona zu besichtigen sind.

Etruskischer Sarkophag im Museo Etrusco in Volterra

Vorrömische Zeit

Feines Kunsthandwerk wollten die wohlhabenden Etrusker auch im Jenseits nicht missen: So gaben sie ihren Toten Schmuck, Waffen und Gefäße mit in die riesigen Nekropolenanlagen und bestatteten sie in aufwändig verzierten Urnen oder Sarkophagen. Die prächtigsten stehen in den Museen von Florenz, Volterra, Chiusi, Orvieto und Viterbo. Das bedeutendste Zeugnis der umbrischen Kultur sind die Eugubinischen Tafeln, sieben unterschiedlich große Bronzetafeln im Stadtmuseum von Gubbio. Die kriegerische Seite der Pizener (Waffen, Helme, Schilde) zeigt das Archäologische Museum in Ancona.

Die Römer

Straßen und Stützpunkte zur Sicherung des eroberten Landes bildeten den Auftakt römischer Bauaktivitäten. Theater (Volterra, Arezzo, Ascoli Piceno) und Stadtmauern (sehr prächtig in Fano) folgten in einer zweiten Bauphase. Römische Kunst bewundert man in den archäologischen Museen oder in

Kirchen, bei deren Ausstattung Kapitelle, Säulen und Marmorplatten (sog. Spolien) erneute Verwendung fanden.

Romanik

Ein durch Säulen gegliedertes, dreischiffiges Langhaus mit höherem Mittelschiff und offenem Dachstuhl – so sah eine römische Basilica aus, wie sie in der Antike als Gerichts- oder Marktgebäude errichtet wurden. Sie dienten als Vorbild für romanische Kirchenbauten, die das mittelalterliche Kunstschaffen eröffneten. Ebenso wie die Schlichtheit dieser Kirchen fasziniert ihr Schmuck: Fabelwesen, Monster und Drachen zieren Kapitelle, Reliefs und Fassaden – z. B. die von San Pietro fuori le mura in Spoleto. Es entstanden Repräsentationsbauten, die das neue Selbstbewusstsein des aufstrebenden Bürgertums dokumentierten: in Pisa der glanzvolle Dom, in Lucca San Michele in Foro, das Baptisterium und San Miniato al Monte in Florenz sowie San Ciriaco in Ancona.

Gotik

Die Gotik kam mit den Zisterziensern. Bei den neuen Orden des 13. Jhs., den Franziskanern, Dominikanern und Augustinern, fand sie im Kirchenbau großen Anklang. Ein breites Langhaus, ein offener Dachstuhl und aneinander gereihte Querhauskapellen zeichnen diese Ordenskirchen aus – es fehlt der starke Drang französischer und deutscher Kathedralen nach oben. Dies gilt auch für die Fassade des berühmtesten gotischen Bauwerks in Mittelitalien, des Doms von Orvieto.

Ein neues Ideal, die Predigt für das Volk, stand hinter der Konzeption dieser Kirchen. Ihre großartigen Fresken fungierten als »Bibel für das Volk«, da die meisten Menschen damals nicht lesen konnten. Als Vorbild für diese erzählenden Bildzyklen dienten die Wandmalereien der Hauptkirche der Franziskaner, San Francesco in Assisi. Neben **Cimabue** (1240–1302) und **Giotto** (1266–1337) arbeiteten hieran auch **Simone Martini** (1285–1344) und **Pietro Lorenzetti** (1280–1348). Giotto überwand mit plastischen Figuren, einheitlicher Lichtführung und perspektivischer Darstellung die byzantinisch geprägte Malerei. Bedeutendster Vertreter der europäischen Gotik ist der aus den Marken stammende **Gentile da Fabriano** (um 1370–1427). Die Skulptur dieser Epoche fand in **Giovanni Pisano** (um 1245–1318) ihren größten Meister.

Renaissance

Die Rückbesinnung auf antike Ideale, einhergehend mit dem vom Humanismus geprägten neuen Menschenbild, löste eine Revolution in der Kunst aus: Naturgetreu wurden nun individuelle, Gefühle zeigende Menschen, bekannte Landschaften und Architektur ins Bild gesetzt. Die neu entdeckte Zentralperspektive ermöglichte eine klare Raumaufteilung; die Bilder gewannen an Tiefe, Bauten an Harmonie.

Weiterentwicklung antiker Ansätze

Verantwortlich für diesen Entwicklungsschub war der Florentiner Baumeister **Filippo Brunelleschi** (1377 bis 1446), den antike Vorbilder inspirierten. **Leon Battista Alberti** (1404–1472) und das Sieneser Allroundgenie **Francesco di Giorgio Martini** (1439–1502) können neben ihm bestehen.

Der führende Bildhauer der Frührenaissance war der Florentiner **Donatello** (1386–1466). Die Wiederein-

Pistoia: Fresken im Museo Civico, Palazzo del Comune

führung des Flachreliefs und die Anwendung der Perspektive darin (»Hl. Georg«, Orsanmichele, Florenz), die erste frei stehende Aktfigur (»David«, Bargello, Florenz) und das erste Reiterstandbild seit der Antike (Padua) sowie die Schaffung neuer Terrakottastatuen weisen ihn als zentralen Kopf der Entwicklung zur Hochrenaissance aus. Zu den großen Künstlern der Epoche zählte auch **Luca della Robbia** (1399–1482), dessen schöne Terrakotta-Arbeiten dieser Technik zum Durchbruch verhalfen.

Masaccio (1401–1428) revolutionierte mit seinen Fresken die Malerei durch die zentralperspektivische Raumdarstellung und die Modellierung der Figuren mittels Licht- und Schattenwirkungen (S. Maria Novella, S. Maria del Carmine, Florenz). **Piero della Francesca** aus Sansepolcro (1415/20–1492) führte diese Anwendung der Perspektive zu einem Höhepunkt. In der zweiten Hälfte des 15. Jhs. setzte sich – wie übrigens auch in der Bildhauerei – ein erzählfreudigerer Stil durch, der mit vielen Details arbeitete.

Mit Perugino und Pinturicchio traten erstmals zwei umbrische Maler führend hervor. Die lieblichen Madonnen und »sanften Krieger« des Pietro Vannucci (um 1450–1523), genannt **Perugino,** aus Città della Pieve erkennt man auf den ersten Blick. Der Peruginer Bernardino di Betto

Michelangelos »David«

(1454–1513), genannt **Pinturicchio,** fand in Perugino sein Vorbild. Die Landschaft Umbriens ist in den Werken beider Künstler stets präsent.

Der bedeutendste Maler der Marken, der Urbiner Raffaello Sanzio, genannt **Raffael** (1483–1520), erhielt seine Ausbildung bei Perugino, suchte aber von 1504 bis 1508 auch Anregungen in Florenz. Seine anmutigen Bilder – wem fallen nicht sofort die zarten Madonnen ein – zeigen dichte Räume und Formen und stellen die geistige Aussage in den Mittelpunkt. Architektur und Landschaft treten bei ihm in den Hintergrund.

Den Toskaner **Michelangelo Buonarroti** (1475–1564) muss man sich als Besessenen vorstellen, der mit aller Kraft den Stein bearbeitete. Seinen Skulpturen ist fast immer eine gewisse Schwere gemein – so, als würden die Körper mit dem Stein ringen.

Nur sein »David« (Accademia, Florenz) scheint durch seine Geistigkeit aus dem irdischen Verhaftetsein herauszutreten. Den Maler Michelangelo bewundert man in Rom (Sixtinische Kapelle); als Architekt hinterließ er jedoch mit der Biblioteca Laurenziana und der Neuen Sakristei auch in Florenz nachhaltige Spuren.

Mit dem Toskaner **Leonardo da Vinci** (1452–1519) sowie Michelangelo und Raffael erreichte die Renaissance in Florenz ihren Höhepunkt – und ihr Ende: Leonardo ging 1506 nach Frankreich, Raffael und Michelangelo zogen (1508 bzw. 1534) nach Rom. Mit der Machtübernahme der Medici-Herzöge fehlte fortan das stimulierende Wetteifern, der Ruin vieler Adelsfamilien tat ein Übriges. Die Eingliederung Umbriens und der Marken in den Kirchenstaat beseitigte die Familienherrschaften und somit die Auftraggeber.

Manierismus

Wie in Gotik und Renaissance, die in Umbrien und den Marken durch Nachahmer toskanischer Meister geprägt waren, öffnete mit seinen Fresken im Dom von Orvieto erneut ein Toskaner, **Luca Signorelli** (1445–1523), die Region Umbrien für die neuen Einflüsse. Die Suche nach emotionaler Ausdruckskraft durch Bewegung, die Michelangelo mit seinen wuchtigen Körpern in verdrehten Haltungen vorwegnahm, bildete das Hauptthema der Maler und Bildhauer des 16. Jhs.

Barock

Im Zuge der Gegenreformation erreichte die Gefühlsbetontheit bis hin zur religiösen Ekstase im Barock ihren Höhepunkt. Der Urbiner Maler **Federico Barocci** (1535–1612) zählt zu den wichtigsten Vertretern dieses Stils. Der bedeutendste Architekt zu Beginn des Barock, der aus den Marken stammende **Bramante** (1444–1510), hinterließ seine Hauptwerke in Rom.

Veranstaltungskalender

- **Corsa dei Ceri in Gubbio:** Der an einem 16. Mai verstorbene Sant' Ubaldo ist der Stadtpatron von Gubbio. Am Vorabend seines Todestages werden drei *ceri*, monumentale Holzkerzen, von jeweils zehn Männern im Lauf den Berg hinauf zur Basilica Sant'Ubaldo getragen. Jeder *cero* ist einem Heiligen gewidmet: Sant'Ubaldo soll den Maurern beistehen, San Giorgio den Händlern und Handwerkern, Sant'Antonio Abate den Bauern. Den ganzen Tag über werden die *ceri* in den Straßen der Stadt vorgeführt, bis um 18 Uhr der Wettlauf zur Basilika beginnt.
- **Fronleichnam (Corpus Domini):** In beinahe jeder umbrischen Stadt findet zu Fronleichnam eine feierliche Prozession statt, in Orvieto mit dem Korporale (Hostientuch) zur Erinnerung an das Wunder von Bolsena. In vielen Städten werden die Straßen an diesem Tag oder am darauf folgenden Sonntag mit Blütenteppichen *(infiorate)* geschmückt.
- **Giostra del Saracino** in Arezzo: Am dritten Juni- und am ersten Septembersonntag wird auf der Piazza Grande das Sarazenenturnier, ein historisches Ritterspiel, ausgetragen. Jedes der vier Stadtviertel stellt zwei in alte Rüstungen gekleidete Ritter, die mit einer Lanze gegen den Sarazenen (eine

19./20. Jahrhundert

Die Jugendstilarchitektur der See- und Heilbäder (Viareggio, Pesaro, Montecatini Terme) zeigt die Internationalisierung der Kunstszene. Einige Künstler wie die Maler und Bildhauer **Alberto Burri** (1915–1995) aus Città di Castello und **Marino Marini** (1901–1980) aus Pistoia (s. dort das Museo Marino Marini) erlangten weit über ihre Heimatregion hinaus Bedeutung.

große, drehbare Holzpuppe) reiten. Für jeden Treffer gibt es Punkte.

▮ **Gioco del Ponte** in Pisa: Das Brückenspiel findet am letzten Junisonntag statt. Ursprünglich verprügelten sich die Mannschaften der Viertel Mezzogiorno und Tramontana auf dem Ponte di Mezzo. Heute schieben die Mannschaften – nach einem farbenprächtigen Umzug mit mehr als 700 Teilnehmern – ein auf Schienen montiertes Gestell, um die Brücke zu erobern. Der Gioco del Ponte ist Höhepunkt des **Giugno Pisano,** zu dem auch die kerzenbeleuchteten Arnoufer am 16. Juni zu Ehren des Stadtpatrons San Ranieri gehören.

▮ **Calcio Storico** in Florenz: Dreimal im Juni (einmal immer am 24. Juni, dem Festtag des Stadtheiligen, Johannes des Täufers) findet das historische Fußballspiel (eher Rugby) in Trachten des 16. Jhs. auf der Piazza Santa Croce statt. Es erinnert an den Zeitvertreib der 1530 in der Stadt eingeschlossenen Soldaten, die den belagernden kaiserlichen Truppen damit vor dem Kampf ihre Geringschätzung demonstrierten.

▮ **Palio delle Contrade** in Siena: Am 2. Juli und am 16. August findet auf dem Campo das berühmte Pferderennen statt, an dem jeweils 10 der 17 Stadtviertel *(contrade)* teilnehmen. Vorausgeht ein farbenprächtiger Umzug in historischen Gewändern des 14. Jhs., es folgt das Siegesfest. Der hintergründige Siena-Krimi »Der Palio der toten Reiter« von Carlo Fruttero/Franco Lucentini erklärt quasi nebenbei sehr gut das Festritual und die Bedeutung des Ereignisses für die Sienesen.

▮ **Giostra dell'Orso** in Pistoia: Am 25. Juli, dem Festtag des Stadtheiligen Jakob, bestreiten zwölf Ritter nach dem historischen Umzug ein Turnier, bei dem sie unter Trommelwirbel zwei Bärenfiguren mit Lanzen zu treffen versuchen. Der Bär *(orso)* ist das Wappentier Pistoias, die *giostra* Höhepunkt des Luglio Pistoiese mit viel Musik und Kultur.

▮ **Giostra della Quintana** in Ascoli Piceno: Am ersten Augustsonntag lässt man in Ascoli Piceno mit liebevollem Aufwand ein erstmals 1377 erwähntes Ritterturnier auf der Piazza dell'Arengo wieder aufleben. Die schönsten der bei diesem Anlass getragenen Kostüme werden schon Wochen zuvor ausgestellt.

▮ **Palio dei Terzieri** in Città della Pieve: Am Sonntag nach dem 15. August kämpfen nach dem historischen Umzug die drei Stadtviertel wie in der Renaissance um den Sieg im Bogenschießen. Kulinarische Genüsse sind garantiert.

▮ **Sagra del Tordo** in Montalcino: Am letzten Oktoberwochenende wird hier in mittelalterlichen Kostümen gefeiert.

Aus Küche und Keller

Esskultur

In angenehmer Gesellschaft gut zu essen und zu trinken gehört zu den Lieblingsbeschäftigungen der Italiener. Dazu geben die Familienfeiern Anlass und natürlich die großen Feste – hier speist man übrigens meist relativ preiswert! Sagre sind kulinarische Feste, die jeweils einem Produkt gewidmet sind: *Sagra della fragola* (Erdbeere), *del tortello* (gefüllte Nudeln), *del cinghiale* (Wildschwein), *del fungo* (Pilz) etc. Nirgends in Italien liebt man diese Feste, die meist von Musik und Tanz umrahmt werden, mehr als in Mittelitalien (mehr dazu S. 8/9).

Exquisite Zutaten

Eine wichtige Basis der Küche Mittelitaliens ist das hervorragende »Olio d'Oliva Extra Vergine«. Von Goldgelb bis hin zu grünlichen Tönen reichen seine Farbschattierungen. Kurz nach der Pressung schmeckt das Öl noch leichter und säuerlicher als nach einer längeren Lagerung. Vielfältige Kräuter und Gewürze – Rosmarin, Salbei, Thymian, Basilikum, Petersilie, Knoblauch und Zwiebeln – runden den Geschmack der Speisen ab.

In Mittelitalien liebt man die einfache Küche: Spezialitäten sind z. B. geröstetes Knoblauchbrot, beträufelt mit Olivenöl *(fettunta)*, Getreidesuppe *(farro)*, Fleisch vom Grill *(bistecca alla fiorentina)* oder Rucolasalat. Raffinesse sucht man hier vergeblich – doch schmecken wird es garantiert, liegt die Exklusivität der Küche doch in der Qualität ihrer Lebensmittel. Es ist vor allem eine Zutat, die in Umbrien und den Marken jedes Gericht in eine Delikatesse verwandelt: die Trüffel *(tartufo)*, die vielseitig verwendet wird.

Meeresfrüchte als Appetithappen

Antipasti

Typische *antipasti* (Vorspeisen) sind die *bruschette* (geröstete Weißbrotscheiben), die mit Trüffeln, Sardellen, Olivenöl und Knoblauch *(salsa tartufata)* belegt werden. In der Toskana *crostini* genannt, serviert man sie hier auch mit Leberpastete bestrichen. Herzhafter oder milder Schinken *(prosciutto)* aus dem Montefeltro oder auch Salami bilden in den Marken den Auftakt eines Menüs.

Primi piatti

Zu den beliebtesten *primi piatti* (warme Vorspeisen) zählen in der Toskana die Suppen: z. B. *ribollita,* die aus Gemüse, Kohl und Brot besteht und mit Olivenöl abgeschmeckt wird. *Pasta e fagioli* ist ein Nudeleintopf mit Bohnen. *Pappardelle* mit Hasenragoutsauce *(sugo di lepre)* sind das Nudelgericht der Toskana schlechthin. In Umbrien hingegegen genießt man *strangozzi* oder *ciriole* mit scharfem *peperoncino* in der Tomatensauce *(alla spoletina)* sowie *tagliolini* (dünne Bandnudeln) mit Trüffelsauce oder mit hauchdünn über die Pasta gehobelten Trüffelscheiben. Die *vincisgrassi,* eine sättigende Lasagne mit Kalbs- und Hühnerragout, Parmesan und Béchamelsauce, sind hingegen die Nudelspezialität der Marken.

Secondi piatti

Fleisch, Fleisch und nochmals Fleisch – Vegetarier tun sich hier bei den *secondi piatti* (Hauptspeisen) schwer. Aus Wildbret wie Hase *(lepre),* Wildschwein *(cinghiale)* und Fasan *(fagiano)* werden nicht nur Braten, sondern auch ausgezeichnete Eintöpfe *(in umido)* zubereitet. Die *bistecca alla fiorentina* – ein über Holzkohlenfeuer gegrilltes gewaltiges Fleischstück von den südtoskanischen Chianina-Rindern, das mit feinstem Olivenöl, Salz und Pfeffer gewürzt wird –, kann man sich gut teilen.

Auch in Umbrien kommen Liebhaber von Gegrilltem auf ihre Kosten. Der verführerische Duft von Fleisch, das leise Knistern des Fetts, das aus saftigen Würsten auf die Holzkohle im offenen Kamin tröpfelt, lockt in die Restaurants. Ebenfalls vom Grill werden hier der Scamorza- und der Pecorino-Käse serviert. Artischockenomelettes *(tortino di carciofi)* oder Pilze vom Holzkohlengrill *(funghi alla griglia)* erfreuen auch die Vegetarier. Typisch für Umbrien sind außerdem Schmoreintöpfe mit Fleisch und Gemüse wie z. B. das *stufato.*

An der tyrrhenischen Küste, vor allem aber an der Adria kommen natürlich Fische und Muscheln aller Art auf den Tisch: Der *cacciucco alla livornese,* eine Suppe aus Fischen, Schalentieren und geröstetem Brot, heißt auf der anderen Küstenseite *brodetto* und schmeckt ebenso hervorragend. Vor allem in Umbrien wird auch der Aal *(anguilla)* gefangen. Karpfen *(carpa)* oder Maräne *(coregone,* eine Renkenart), kommen gegrillt *(alla brace),* im Ofen gegart *(al forno)* oder gedünstet *(in umido)* auf den Tisch.

Neben den klassischen italienischen Beilagen *(contorni),* die extra bestellt werden müssen – wie Pommes frites *(patate fritte),* Salat *(insalata)* oder Gemüse *(verdura cotta)* –, sind gegrillte Artischocken *(carciofi),* Zucchini oder Auberginen *(melanzane)* zu empfehlen. Linsen *(lenticchie)* sind die gängige Spezialität der Gebirgsregionen. Gefüllte frittierte Oliven, die *olive ascolane,* schätzt man vorwiegend in den Marken.

Der stilechte Abschluss

Nach den *dolci* (Süßspeisen) oder der *frutta* (Obst) schließt man das Essen mit einem *amaro* (Magenbitter) oder einem *caffè* ganz italienisch ab. In den Marken zählt die *anisetta* (Anislikör) zu den besonderen Köstlichkeiten, in der Toskana der *Vin Santo,* in den man *cantuccini* (Mandelgebäck) taucht.

Für zwischendurch

Die »Wurstsemmel« Mittelitaliens – *porchetta,* mit Kräutern (Rosmarin, Pfefferkraut etc.) und Knoblauch gefülltes Spanferkel, in einem *panino* (Brötchen) gegessen – wird überall an fahrbaren Ständen verkauft. Als Imbiss eignet sich in den Marken auch die *piadina,* ein flacher Fladen aus Wasser und Mehl (ohne Hefe), den man mit Prosciutto, Salami, Käse *(formaggio)* oder Salat gefüllt isst. In Umbrien findet sich Ähnliches, *torta al testo,* und in der Toskana sind die *focacce* (flaches gewürztes Brot) zu Hause. Beide werden wie die *piadina* auf verschiedenste Weisen belegt.

Der edle Tropfen

Zum Essen trinkt man neben Mineralwasser *(acqua minerale)* meist Wein – Mittelitalien, vor allem die Toskana, ist eines der bekanntesten italienischen Weinanbaugebiete. Der Aufdruck DOC *(Denominazione di Origine Contrallata)* oder DOCG *(... e Garantita),* ist die kontrollierte und garantierte Ursprungsbezeichnung, kennzeichnend für hervorragende Weine. Die bekannten Tropfen sind rubinrot und besitzen einen Alkoholgehalt von 11 bis 13 %.

Der *Chianti classico* aus der klassischen Anbauzone zwischen Florenz und Siena trägt im Etikett den schwarzen Hahn. Der *Brunello di Montalcino* gilt als einer der besten Rotweine. Die dunkle *(bruno)* Farbe der Sangiovese-Traube gab diesem aromatischen, leicht rauchigen Wein, der in Eichenfässern reifen muss, seinen Namen. Er kommt wie der herbfeine *Vino nobile di Montepulciano* aus der Region südlich von Siena. Zu den bedeutendsten Weißweinen gehört die *Vernaccia* aus San Gimignano.

Der bekannteste Wein Umbriens ist der trockene weiße *Orvieto classico.* Daneben munden aber auch ausgezeichnet der rubinrote, sehr runde *Torgiano rosso riserva* und eine Reihe von gehaltvollen trockenen Rotweinen aus den *Colli* (Hügel). Zu den herausragenden Tropfen zählt der vollmundige *Sagrantino* aus Montefalco, der leicht zu Kopf steigt (15 %!).

Der *Verdicchio dei Castelli di Iesi,* ein trockener Weißwein, der noch jung getrunken wird, passt hervorragend zu den Fischgerichten der Marken.

Urlaub aktiv

Baden und Wassersport

Die Wasserqualität der Adria in den Marken, der tyrrhenischen Strände in der Toskana und der umbrischen Seen ist gut. Die begehrte blaue Flagge der EU erhielten 2002 Carrara, Forte dei Marmi, Pietrasanta, Camaiore, Viareggio, Tirrenia, Castiglioncello, Vada, Castagneto Carducci, Follonica, Castiglione della Pescaia, Grosseto in der Toskana, in den Marken Gabicce Mare, Fano, Senigallia, Portonovo, Sirolo, Numana, Porto San Giorgio und Cupra Marittima.

Sonnenschirme, Liegestühle, Surfbretter und Boote – Kajaks, Tret-, Ruder-, Segel- und Motorboote – werden an den Stränden vermietet.

Segelschulen finden sich an der Adriaküste in San Benedetto del Tronto, Civitanova Marche, Porto Recanati, Ancona und Senigallia), am Tyrrhenischen Meer in Viareggio, Marina di Pietrasanta und Castiglione della Pescaia, auf Elba und am Lago Trasimeno. Informationen (auch zum Windsurfen und Tauchen) erhält man bei den örtlichen Fremdenverkehrsämtern (APTs, IATs, Pro Locos) und in den Hotels.

Fischen

Angeln im Meer und die Unterwasserjagd sind ohne Genehmigung gestattet. Wer in Flüssen und Seen angelt, benötigt die Erlaubnis der Provinzverwaltung. Touristen bekommen oft preiswerte Sondergenehmigungen.

i **Federazione Italiana della Pesca Sportiva** (Verband der Sportfischer), 00196 Rom, Viale Tiziano 70, Tel. 0 63 20 17 11, Fax 0 63 85 81 09.

Am Höhenwanderweg Madonna del Monte–Chiesi auf Elba

Wandern

»Trekking«, so die Italiener, kommt immer mehr in Mode. Im Apennin, aber auch in den Hügellandschaften Mittelitaliens wurden vom italienischen Alpenverein *(CAI – Club Alpino Italiano)* gekennzeichnete Wege angelegt. Dieser Verein organisiert Touren.

Tipp Der **CAI Prato** (Via del Altopascio 8, 59100 Prato, Tel. 0 57 42 20 04, Fax 0 57 44 84 45 0) gibt gute Wanderführer heraus.

Radfahren

Bei den APTs erhält man Auskünfte über Radverleih, Touren und Karten. Geführte und individuelle Reisen:
»Rückenwind Reisen«,
Industriehof 3, 26133 Oldenburg,
Tel. 04 41/48 59 70, Fax 4 85 97 22,
www.rueckenwind.de
- **Donau-Touristik,** Ledergasse 10, A-4050 Linz, Tel. 07 32-20 80, Fax 2 08 08, www.donau-touristik.at

Reiten

Maneggi (Reitställe) gibt es überall in Mittelitalien. Auskünfte erhält man in den APTs.

Golfspielen

kann man u. a. auf den reizvoll gelegenen Golfplätzen Ugolino bei Florenz, in Punta Ala, Pietrasanta, Tirrenia, Ellera Umbra (bei Perugia), Sirolo (südlich von Ancona) und auf Elba.

i **Federazione Italiana Golf,** Viale Tiziano 74, 00196 Rom, Tel. 0 63 23 18 25, Fax 0 63 22 02 50, www.federgolf.it

Skifahren

Skigebiete gibt es im Pistoieser Apennin (um Abetone), am Monte Amiata in der Toskana, am Monte Cucco und am Monte Serra Santa sowie in den Monti Sibillini in Umbrien.

Thermalkuren

sind in Mittelitalien praktisch überall möglich. Über die Anwendungen informiert »Thermalorte Italia«, eine Broschüre der ENIT (s. S. 100).

Die Sprache lernen

Sprachenschulen bieten vor allem in Florenz, Pisa, Siena Kurse für Ausländer an. Info über ENIT und die APTs.

Unterkunft

Von der Renaissancevilla bis zum Schloss, zum Landhaus oder der einfachen Ferienwohnung, das Spektrum ist groß. Hotel- und Zimmerverzeichnisse haben die ENIT-Büros (s. S. 100) und lokalen APTs.

Agriturismo

bietet Ferien auf dem Bauernhof. Häufig ist ein Gasthof angeschlossen und sind Sportmöglichkeiten (Reiten, Pool u. a.) geboten; manche Anlagen unterscheiden sich kaum noch von Hotels: **Turismo Verde,** Via Verdi 5, 50100 Florenz, Tel. 05 52 00 22 16 (für die Toskana); in Umbrien: Via M. Angeloni 1, 06100 Perugia, Tel. 07 55 00 29 53; in den Marken: Corso Stamira 29, 60100 Ancona, Tel. 0 71 20 29 87; Fax 07 15 63 14, www.agriturismo.regione.toscana.it; www.turismoverde.it

Feriendörfer

(villaggi turistici) an der Küste wie auch im Hinterland offerieren oft große Hotels Bungalows, Ferienwohnungen oder Camping und sportliche Aktivitäten.

Camping

Mittelitalien hat viele gut ausgestattete Campingplätze, vor allem an den Küsten und am Lago Trasimeno; für die Monate Juli/August sollte man reservieren:

Federazione Italiana del Campeggio, Via Vittorio Emanuele 11,
50041 Calenzano, Tel. 0 55 88 23 91,
www.federcampeggio.it

Jugendherbergen

Associazione Italiana Alberghi per la Gioventù, Via Cavour 44, Rom, Tel. 0 64 87 11 52, Fax 0 64 88 04 92, www.ostellionline.org

Reisewege

Mit der Bahn

Vom Ruhrgebiet, aus München, Zürich, Basel, Genf und Wien verkehren täglich Züge nach Florenz. Im Sommer sind Verbindungen von München und Zürich an die Adriaküste (Rimini, Ancona) eingerichtet. In der Haupturlaubszeit fahren täglich Autoreisezüge ab München und Wien bis Rimini sowie von Wien nach Florenz.

Mit dem Auto

Anschluss an das mautpflichtige Autobahnnetz hat man von den Grenzübergängen Brenner und Tarvisio (Österreich) sowie Chiasso (Schweiz). An Wochenenden bilden sich um Mailand, Bologna, Florenz und an der Adria Warteschlangen vor den Zahlstellen. Auf Landstraßen gilt ein Tempolimit von 90 km/h, auf Autobahnen von 130 km/h. Seit 2002 muss man in Italien auf Autobahnen, Schnellstraßen und größeren außerstädtischen Straßen auch tagsüber das Abblendlicht einschalten.

Mit dem Flugzeug

Linienflüge von Deutschland, Österreich und der Schweiz nach Mailand verkehren täglich. Dort steigt man nach Pisa, Florenz, nach Sant' Egidio (bei Perugia) und Ancona/Falconara um. Von München aus werden Pisa und Florenz angeflogen, von Frankfurt/M., Wien, Zürich und Basel aus Florenz (im Sommer auch Flüge von Norddeutschland nach Rimini).

Tipp Vom Flughafen Peretola (Florenz) fahren Busse (Volainbus) der Sita/ATAF halbstündlich für 4 € zum Bahnhof Santa Maria Novella. Vom Flughafen Galileo Galilei in Pisa fährt Bus 3 in 10 Min. zum Bahnhof.

***Florenz

Seite 34

Die Wiege der Renaissance

Florenz, die Hauptstadt der Toskana, gehört mit Venedig und Rom zu den bedeutendsten Kunstzentren Italiens. Die Stadt vereinigt Kunst- und Kulturschätze der Renaissance mit der Eleganz und Liebenswürdigkeit der heutigen Florentiner. Neben den touristischen Höhepunkten lohnt jedoch auch ein Spaziergang durch Viertel wie San Lorenzo oder San Frediano, um den Alltag einer italienischen Großstadt mit teils dörflichem Flair kennen zu lernen.

Palazzo Vecchio, Rathaus von Florenz

Geschichte

Stadtgründer Cäsar

Julius Cäsar gründete im Jahr 59 v. Chr. hier, an der Via Cassia, eine Veteranenkolonie, von der nur die rechtwinklige Straßenanlage um das ehemalige Forum (Piazza della Repubblica) erhalten blieb, die man noch gut im Stadtplan erkennen kann.

Die Zunahme des Warenverkehrs auf der Via Cassia um das Jahr 1000 begünstigte den wirtschaftlichen Aufschwung. Damals entstanden schon erste Bauten wie das Baptisterium und San Miniato al Monte.

Die Medici regieren

Die fast schon industriell organisierte Verarbeitung von Wolle und Seide sowie in ganz Europa verzweigte Bankgeschäfte bildeten die Grundlage für den zunehmenden Reichtum in Florenz. Kaufleute und Handwerker schlossen sich in Zünften *(artes)* zusammen und übernahmen die Regierung in der freien Kommune, die Ende des 13. Jhs. mit 100 000 Einwohnern zu den europäischen Großstädten zählte. Jetzt wurden auch in Florenz die ersten Monumentalbauten errichtet, die Grundsteine für den Bargello, den Palazzo Vecchio und die großen Ordenskirchen gelegt. Die einflussreichen Familien (Strozzi, Pitti) wetteiferten mit den Medici beim Bau ihrer Stadtpaläste wie auch um die Macht in der Republik. Diese oft blutigen Auseinandersetzungen endeten 1434, als Cosimo de' Medici nach seiner Rückkehr aus dem Exil in Venedig faktisch die Alleinherrschaft übernahm.

Aus dem Stadtstaat entwickelte sich ein Regionalstaat, den Kaiser Karl V. im Jahr 1530 den Medici als erbliches Herzogtum überließ. Florenz verlor seine autonome Stellung und wurde in das neue Herzogtum eingebunden. Von 1865 bis 1871 trumpfte es als Hauptstadt Italiens und Sitz des Königshofes noch einmal mächtig auf.

Moderne Probleme

Heute kämpfen die Einwohner von Florenz (352 200 Einw.) vor allem mit Umweltproblemen, die ihre Kunstschätze und ihre Gesundheit gefährden. Das Stadtzentrum ist für den Individualverkehr gesperrt. Man erreicht alle Sehenswürdigkeiten jedoch problemlos zu Fuß oder per Bus.

Seite 34

Blick über Florenz und die Arnobrücken vom Piazzale Michelangelo aus

Tipp Je nach Aufenthaltsdauer wählt man sein Bus-Ticket: 1-Stunde-Ticket 1 €, 3-Stunden-Ticket 1,80 €, Tageskarte 4 €, zwei Tage 5,70 €, drei Tage 7,20 €, Wochenkarte 12 €.

*Piazzale Michelangelo ❶

Florenz von oben – ein eindrucksvoller Auftakt eines Florenzbesuchs ist der Blick vom Piazzale Michelangelo auf die Stadt. Bequem fährt man mit dem Bus Nr. 12 oder 13 hinauf; anstrengender ist der Spazierweg von der Piazza Poggi aus. Das Häusermeer, überragt von der majestätischen Kuppel des Doms, breitet sich bis zum Hügelland aus. Unzählige Brücken überspannen das silbrig glänzende Band des Arno, fast magisch zieht der Ponte Vecchio die Blicke auf sich.

***Baptisterium ❷

Den Stadtrundgang beginnt man am Domplatz mit Dom, Campanile und dem eleganten Baptisterium, einem der schönsten Bauwerke von Florenz. Selbst Dante hielt, wie viele seiner Zeitgenossen, die Taufkirche für ein antikes Kunstwerk. Tatsächlich entstand sie im 11. Jh. Ihre Ausdruckskraft liegt im perfekten Zusammenspiel der Marmordekoration mit der architektonischen Struktur. Die vergoldeten **Bronzeportale** des Baptisteriums zählen zu den viel bewunderten Meisterwerken in der Stadt. Das älteste, das Südportal von 1330, stammt von Andrea Pisano und zeigt 20 Szenen aus dem Leben Johannes des Täufers, des Stadtpatrons von Florenz. Das Nordportal und das von Michelangelo als Paradiespforte bezeichnete Ostportal mit zehn Episoden aus dem Alten Testament schuf Lorenzo Ghiberti (1387–1455). Man sollte auch einen Blick ins Innere des Baus mit prachtvollen **Mosaiken** von 1270 werfen (tgl. 12–18.30, So/Fei 8.30–13.30 Uhr) .

**Dom Santa Maria del Fiore ❸

Dem Baptisterium gegenüber erhob sich einst ab dem 4. Jh. die Kirche Santa Reparata. Dass hier schon in

Seite 34

Eine der vergoldeten Bronzeportale des Baptisteriums

der Antike gebaut wurde, zeigen die römischen Mosaikfußböden, die man neben den Resten der Kirche noch heute unter dem Dom Santa Maria del Fiore besichtigen kann. 1296 begannen die Florentiner mit einem Neubau. Sie wollten mit Siena und Pisa gleichziehen und ließen sich mit 153 m Länge und 38 m Breite eine der größten Kirchen der Welt erschaffen. Die Gliederung des Baus ist noch der Gotik verhaftet, die Marmorverkleidung ein Element der Vorrenaissance.

Brunelleschis Kuppel

Für die Kuppel wurde 1418 ein Wettbewerb ausgeschrieben, den Filippo Brunelleschi gewann. Niemand glaubte damals daran, dass sich seine Idee einer selbsttragenden Doppelschalenkonstruktion würde verwirklichen lassen. 1436 vollendete Brunelleschi das sich auf 107 m emporschwingende architektonische Meisterwerk seiner Zeit – und es hält bis heute!

Im Vergleich zur Farbigkeit des Doms außen wirkt das wenig gegliederte dreischiffige Innere mit dem Grundriss eines lateinischen Kreuzes schlicht und nüchtern. Die ***Kuppelgemälde** von Giorgio Vasari bieten jedoch durchaus genug an Pracht.

Campanile und Langhaus

**Campanile ❹ und Dombaumuseum

Wem die Domkuppel zu anstrengend ist, der sollte immerhin den 84 m hohen Glockenturm (Campanile) erklimmen. Von hier überblickt man schön die Stadt, ihre Kirchen und Paläste. Als neuer Dombaumeister widmete sich Giotto ab 1334 ganz der Errichtung des prächtigen Turms. Von ihm stammt auch die Idee der dreifarbigen Marmordekoration.

Im Dombaumuseum bewundert man die großartigsten Kunstwerke des Doms, die ***Pietà** von Michelangelo, die ***Sängerkanzeln** von Luca della Robbia und Donatello sowie die Originalreliefs des Campanile (tgl. 9–19.30 Uhr, So und Fei bis 13.30 Uhr).

Zum weltlichen Zentrum

Die **Via dei Calzaiuoli,** heute Touristenmeile und eine der Haupteinkaufsstraßen der Stadt, verbindet das geist-

Seite 34

liche mit dem weltlichen Zentrum von Florenz. Wenige Schritte von hier erschließt sich in den östlich gelegenen Seitengässchen eine andere Welt mit kleinen Bäckereien, Obst- und Käseläden, Weinhändlern und Trattorien.

Piazza della Signoria ❺

Wer die Eleganz liebt, kann die Atmosphäre der Piazza della Signoria im schicken Caffè Rivoire bei einem Cappuccino oder einer Tasse ausgezeichneter Schokolade genießen! Cosimo I. ließ diese Piazza von seinen Lieblingskünstlern schmücken: Sein **Reiterdenkmal** stammt von Giambologna (1594) und der **Neptunbrunnen** von Bartolomeo Ammannati (1575).

*Palazzo Vecchio ❻

Der Palazzo Vecchio ist das beherrschende Bauwerk des Platzes. Ursprünglich errichtete Dombaumeister Arnolfo di Cambio den Bau ab 1299 für die Prioren, die Vorsteher der Zünfte, die als *signori* die Stadt regierten. Das Gebäude wurde nach dem Vorbild des Stadtpalastes von Volterra konzipiert, doch ist es wuchtiger und scheint wie aus einem Stück gegossen. Zinnenkranz und Turm vollenden hier den Eindruck majestätischer Schlichtheit.

Vorbei an der Kopie des »David« von Michelangelo betritt man den Innenhof, den Michelozzo 1453 im Frührenaissancestil umgestaltete. Er vermittelt eine Vorahnung von den Prunkräumen des Palastes, vor allem dem Saal der Fünfhundert. Seine prächtigen Wand- und Deckengemälde schufen Vasari und seine Schüler. Skulpturen von Michelangelo, Giambologna und Verrocchio schmücken

Santa Maria del Fiore, der Florenzer Dom, eine der größten Kirchen der Welt

»Raub der Sabinerinnen«

die Räume – ein Besuch dieses Palazzo gehört in jedes Florenzprogramm (tgl. 9–19, Do und Fei nur bis 14 Uhr).

**Loggia dei Lanzi ❼

Die *lanzichenecchi,* die hier stationierten Landsknechte, gaben der Loggia ihren Namen. Sie wurde 1376–1382 als repräsentative Empfangshalle der Stadt errichtet. Die berühmten Skulpturen *»Raub der Sabinerinnen« und *»Perseus«, der stolz das Haupt der geköpften Medusa hält, machen die Halle zum Freilichtmuseum.

Die ***Uffizien ❽

Nach der Eroberung Sienas 1555 benötigten die Medici eine neue Verwaltungszentrale, um ihren nunmehr fast die ganze Toskana umfassenden Herrschaftsbereich besser kontrollieren zu können. Als Amtsräume *(uffici)* entwarf Giorgio Vasari deshalb ursprünglich für Cosimo I. die Uffizien. Sie beherbergen in 45 Sälen eine der bedeutendsten Gemäldesammlungen

Seite 34

Die Uffizien beherbergen eine der größten Gemäldesammlungen der Welt

der Welt. Sie geben einen Überblick über die toskanische Kunst (Cimabue, Giotto, Botticelli, Leonardo da Vinci, Michelangelo) besitzen aber auch großartige Werke anderer italienischer (Raffael, Tizian, Tintoretto oder Caravaggio), deutscher (Dürer, Cranach oder Holbein) und niederländischer Meister (Rembrandt, Rubens). (geöffnet: Di–So 8.15–18.50 Uhr; Kartenvorbestellung: Tel. 0 55 29 48 83; www.televisual.it/uffizi)

Tipp Unter Tel. 0 55 29 48 84 kann man beim Kartenservice »Firenze Musei« Eintrittskarten für die Uffizien, die Accademia oder die Galleria Palatina vorbestellen. So lassen sich lange Wartezeiten vermeiden.

**Ponte Vecchio ❾

Die Arkaden der Uffizien geben den Blick zum Arno frei. Man hat so die älteste Brücke der Stadt von 1345, den Ponte Vecchio, vor Augen. Besonders in den Abendstunden, wenn die sinkende Sonne sich im Fluss spiegelt, vermag die Alte Brücke zu bezaubern. Im 16. Jh. wurde verfügt, dass die Läden auf der Brücke Gold- und Silberschmieden vorbehalten bleiben.

**Palazzo Pitti ❿

Spaziert man Richtung Süden weiter, erhebt sich unvermittelt links der Palazzo Pitti, um 1440 von Filippo Brunelleschi für die Familie Pitti entworfen. 1549 zwangen die allein herrschenden Medici die Pitti zum Verkauf. Cosimo I. erweiterte das Gebäude zum größten Florentiner Palazzo (205 m lang, 38 m hoch). Acht Museen, von den Prunkräumen der **Appartamenti Monumentali** bis zur ****Galleria Palatina** (Di–So 8.15 bis 18.50 Uhr), laden zum Schlendern ein (Sammelticket).

*Giardino di Boboli ⓫

Hinter dem Palast kann man sich in einer der wenigen Grünanlagen der Stadt, der barocken Gartenanlage Giardino di Boboli, eine Rast gönnen. Von dem Kaffeehaus der Anlage aus genossen schon die österreichischen Großherzöge den herrlichen Rundblick auf Florenz.

San Frediano

Die von Filippo Brunelleschi errichtete Renaissancekirche Santo Spirito gibt dem einladenden Platz in der Nähe des Palazzo Pitti seinen Namen. Hier spürt man die lebhafte Atmosphäre des Stadtviertels. San Frediano hat mit kleinen Läden, den Trattorien und den zahlreichen Handwerksbetrieben (vor allem Restauratoren) noch seinen ursprünglichen Charakter bewahrt.

In der Via Maggio und der Via di Santo Spirito entdeckt man besonders gut sortierte Antiquitätenhändler. Im Viertel stellen die *signore* an heißen Sommerabenden noch immer die Stühle vor die Tür, um mit der Nachbarin ein Schwätzchen zu halten.

Seite 34

Auch das leibliche Wohl kommt nicht zu kurz: An der Piazza Santo Spirito bekommt man ausgezeichnete Snacks; größeren Hunger stillen die Spezialitäten im urigen Keller »Cantinone« (Via S. Spirito 6r).

Tipp Der Florentiner Schriftsteller Vasco Pratolini setzte diesem Viertel mit seinem Roman »Die Mädchen von Sanfrediano« ein literarisches Denkmal.

Palazzo Davanzati ⓬

Zurück über den Ponte Vecchio, blickt man auf Palazzi alter Adelsgeschlechter. Im Palazzo Davanzati sind die prächtig dekorierten Wohn-, Schlaf- und Küchenräume mit originaler Ausstattung aus dem Mittelalter zu besichtigen – vom Kochtopf bis zur Toilette (bis 2003 geschlossen). In der Nähe steht der repräsentative **Palazzo Strozzi ⓭** der gleichnamigen Familie.

Harmonische Proportionen: die Fassade von Santa Maria Novella

**Santa Maria Novella ⓮

Durch stimmungsvolle, einladende Gässchen spaziert man zur weiten Piazza. Dort wartet die eindrucksvolle Renaissancefassade der Kirche Santa Maria Novella. Die Strozzi, die Rucellai, die Gondi und die Tornabuoni ließen sich je eine prächtige Kapelle ausmalen. Die wunderbaren **Fresken der Hauptchorkapelle** gab Giovanni

Der Geist der Renaissance

Ab dem ausgehenden 14. Jh. wuchs unter den führenden bürgerlichen Schichten von Florenz das Interesse an Vorbildern für ihre republikanische Staatsform. Tugenden und Werte wie Freiheit des alten Rom kamen in Mode; man studierte die Kunst, die Philosophie, die Literatur und die Sprachen der Antike und fühlte sich einer neuen Weltsicht verbunden, die den Menschen in den Mittelpunkt des Universums stellte. Dies führte zu einer Wiedergeburt (Renaissance) des antiken Schönheitsideals in allen Bereichen der Kunst. Naturgetreue Nachbildungen griechischer und römische Statuen waren nun en vogue, nicht mehr die Fabelwesen des Mittelalters oder gotische Formen. Der Reichtum aus Handel und Bankgeschäften erlaubte den mächtigen Florentiner Familien – allen voran die Medici – ein großzügiges Mäzenatentum zugunsten von Künstlern und Philosophen. Ihre Rivalität untereinander trugen sie nun auch mit Hilfe prächtiger Palazzi, Skulpturen und Bilder aus: Man wollte sich gegenseitig ausstechen. So wurde Florenz das Zentrum der Renaissancekultur mit einer überwältigenden Fülle von Kunstwerken.

Seite 34

Tornabuoni bei Domenico Ghirlandaio in Auftrag und setzte somit seiner Familie ein Denkmal. Giovanni und seine Gattin beten an den Seiten des Fensters, die junge Frau im Goldbrokatkleid (in der Szene der Geburt Marias) ist ihre Tochter Ludovica. Das Fresko gibt zudem Auskunft über den Geschmack der Zeit, über Mode und Innenarchitektur – gleichsam Fotos aus dem Mittelalter.

Ein Hauptwerk des 15. Jhs., das ***Trinitätsfresko** (1427) von Masaccio im linken Seitenschiff, sollte man näher betrachten. Eine Darstellung Gottes inmitten einer vollendeten Renaissancearchitektur – das konnte nur in Florenz entstehen. Das auf den ersten Blick unscheinbare Wandfresko revolutionierte durch die Einführung der Zentralperspektive die Malerei – man denke nur an die flachen, kaum plastisch wirkenden gotischen Altarbilder mit ihrem Goldhintergrund (z. B. in der Cappella Strozzi im linken Querschiff zu sehen).

Mo–Do, Sa 9.30–17, Fr, So 13–17 Uhr; Eintritt.

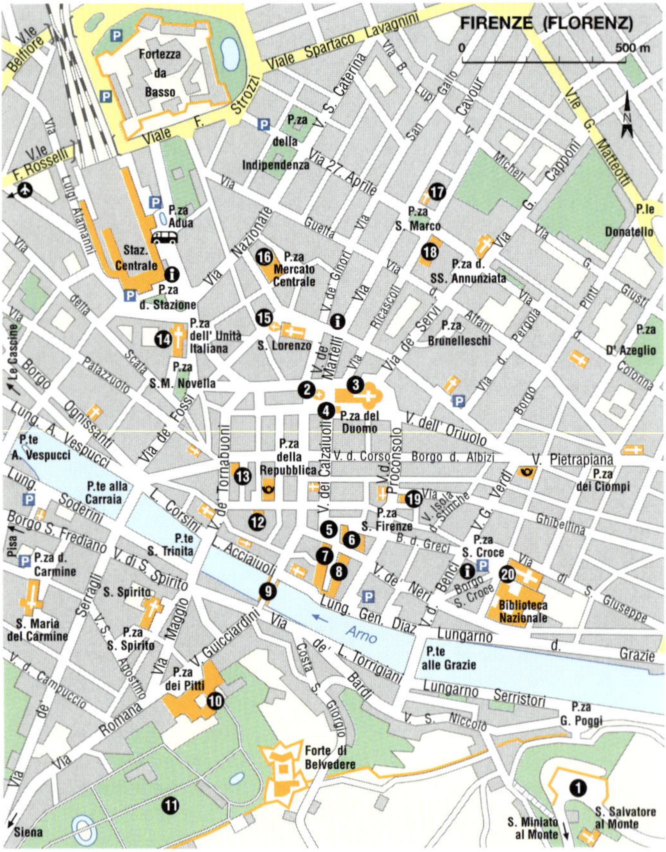

Seite 34

Nach alten Rezepten zubereitete Liköre, Seifen und Parfüms bekommt man in der stilvollen **Apotheke** der Mönche von Santa Maria Novella (Via della Scala 16). Schicke Taschen, T-Shirts u. ä. bietet der **Straßenmarkt** von San Lorenzo.

Garantiert frische Ware wird im Mercato Centrale angeboten

Cappelle Medicee 15

Keinesfalls sollte man sich dieses Gotteshaus entgehen lassen (Zugang hinter der Kirche San Lorenzo). Neben dem Prunk der ***Fürstenkapelle** wartet in der ****Neuen Sakristei** klassische Eleganz, Kraft, Erhabenheit – Michelangelo in Vollendung. Der Medici-Papst Leo X. wollte mit dem Familienmausoleum 1520 der ganzen Stadt die Großartigkeit seines Geschlechts vor Augen führen – der beste Baumeister, Michelangelo, wurde mit dem Auftrag betraut.

Der Wirkung dieses Gesamtkunstwerks, in dem Architektur und Skulpturen eine harmonische Einheit bilden, kann man sich nur schwer entziehen. Die beiden unbedeutenden Herzöge von Nemours und Urbino, der Sohn und der Enkel von Lorenzo il Magnifico, erhielten von Michelangelo die künstlerisch wertvollsten Grabmäler der Renaissance: Der muskulöse »Tag« und die junge schlafende Frau der »Nacht« liegen am Grabmal des Giuliano von Nemours (rechts). Die kräftige »Morgenröte« scheint am gegenüberliegenden Sarkophag des Lorenzo aus dem Schlaf zu erwachen, die »Abenddämmerung« entschlummert (2. und 4. Mo sowie 1., 3., 5. So im Monat u. Di–Sa 8.15–16.45 Uhr).

Mercato Centrale 16

Nach so viel eindrucksvollen Kunstwerken lockt die Zentrale Markthalle San Lorenzo (geöffnet nur vormittags bis 14 Uhr), eine interessante Eisenkonstruktion aus dem 19. Jh. Geradezu pittoresk ist hier das Angebot an Wildschweinköpfen oder noch ungerupftem Geflügel. Wer bei diesem Anblick Appetit auf die rustikale toskanische Küche bekommt, kann im

1 Piazzale Michelangelo
2 Baptisterium
3 Dom Santa Maria del Fiore
4 Campanile
5 Piazza della Signoria
6 Palazzo Vecchio
7 Loggia dei Lanzi
8 Uffizien
9 Ponte Vecchio
10 Palazzo Pitti
11 Giardino di Boboli
12 Palazzo Davanzati
13 Palazzo Strozzi
14 Santa Maria Novella
15 Cappelle Medicee
16 Mercato Centrale
17 San Marco
18 Accademia
19 Bargello
20 Santa Croce

Seite 34

Athena-Skulptur in der Veronese-Loggia des Bargello

Markt z. B. die *lampredotto*-Semmel (gekochter und fein gewürzter Kuhmagen) bei »Nerbone« probieren.

San Lorenzo

Im Viertel San Lorenzo kann man in den Alltag der Florentiner eintauchen: Man sieht Hausfrauen beim Einkauf ebenso wie Studenten – die Uni liegt gleich nebenan – und Geschäftsleute, die in einer Bar gemeinsam einen Aperitif nehmen.

Nicht weit entfernt präsentiert sich die Kirche **San Marco** ⑰ heute in barocker Festlichkeit. Ein Besuch lohnt sich im ****Museum** rechts daneben, denn den lyrischen Zauber der Fresken des Malermönchs Fra Angelico, besonders seiner **»Verkündigung«, sollte man sich nicht entgehen lassen (Mo–Fr 8.15–13.50, Sa, So, Fei 8.15–18.50 Uhr; 1., 3., 5. So sowie 2. und 4. Mo im Monat geschl.).

Kraftvolle Eleganz bewundert man in der ***Accademia** ⑱, der Kunstakademie, in der das Original des »David« von Michelangelo (eine Kopie steht vor dem Palazzo Vecchio) und seine Skulpturengruppe »Prigioni« (»Die Gefangenen«) gezeigt werden (Di–So 8.15–18.50 Uhr).

Der **Bargello ⑲

Richtung Süden gehend, kommt man zum grandiosen Gebäude des Bargello mit einer der bedeutendsten Skulpturensammlungen der Welt – in Florenz bekommt man (fast) überall einen Michelangelo oder einen Donatello zu sehen! Der strenge Palast wurde zwischen 1255 und 1261 als erster Sitz für die kommunalen Institutionen errichtet. Seine reich dekorierten Säle bilden einen wunderschönen Rahmen für die einzigartigen Statuen (Di–Sa 8.30–13.50 Uhr sowie 2., 4. So und 1., 3., 5. Mo im Monat).

Piazza Santa Croce

Tipp In der Via Isola delle Stinche bekommt man bei »Vivoli« das beste Eis von ganz Florenz. Rund um die Piazza finden sich außerdem viele Geschäfte, die auf Lederartikel spezialisiert sind.

Am Platz selbst wartet dann eine weitere Kirche, *****Santa Croce** ⑳. Im imposanten Inneren der franziskanischen Ordenskirche liegen über 270 Grabplatten am Boden; an den Wänden ziehen sich die Grabdenkmäler italienischer Größen entlang: Michelangelo, Dante, Machiavelli und Galileo Galilei, um nur einige zu nennen.

Auch hier gaben mächtige Familien die Aufträge zur Ausschmückung der Kapellen, z. B. die Bardi oder die Peruzzi (rechts vom Hauptaltar). Giotto malte für sie die beiden Zyklen aus dem Leben der Heiligen Franz von Assisi, Johannes des Täufers und Johannes des Evangelisten. Um 1330, auf dem Höhepunkt seines Schaffens, erzählte der Künstler hier farbenfrohe Geschichten (Mo–Sa 9.30–17.30, So, Fei 13–17.30 Uhr; Eintritt).

Seite 34

Infos

APT, Via Manzoni 16, 50121 Firenze, Tel. 05 52 33 20, Fax 05 52 34 62 86; www. firenze. turismo.toscana.it. Informationsbüros: Piazza Stazione (vor dem Bahnhof), Tel. 0 55 21 22 45; Borgo Santa Croce 29r, Tel. 05 52 34 04 44; Via Cavour 1r, Tel. 0 55 29 08 32.

Torre di Bellosguardo, Via Roti Michelozzi 2, Tel. 05 52 29 81 45, Fax 0 55 22 90 08; www. torrebellosguardo.com. Ruhig im Grünen gelegen; Hallen mit Fresken verziert, jedes Zimmer anders eingerichtet. ❍❍❍

▮ **Loggiato dei Serviti,** Piazza SS. Annunziata 3, Tel. 0 55 28 95 92, Fax 0 55 28 95 95; www.loggiatodeiservitihotel.it. Zentral, in einem Gebäude des 16. Jhs., Zimmer mit schönen antiken Möbeln eingerichtet. ❍❍❍

▮ **Casci,** Via Cavour 13, Tel. 0 55 21 16 86, Fax 05 52 39 64 61; www.hotelcasci.com. Schon Rossini fühlte sich hier wohl. ❍❍

Camping: Viale Michelangelo, ganzjährig, schattiger Platz unterhalb des Piazzale Michelangelo.

▮ **Villa Camerata,** Viale A. Righi 2–4, am Hügel in Richtung Fiesole gelegen.

Cantinetta Antinori, Piazza Antinori 3, Tel. 0 55 29 22 34. Typisch toskanische Gerichte, begleitet von den bekannten Antinori-Weinen (Sa, So geschl.). ❍❍❍

▮ **Mamma Gina,** Borgo San Jacopo 37r. Feine toskanische Küche in Palast des 15. Jhs., So geschl. ❍❍

▮ **Il Cibreo,** Via dei Macci 122r. Kleine Osteria mit Delikatessenladen, So, Mo geschl. ❍❍

▮ **Il Latini,** Via Palchetti 6r. Rustikale toskanische Küche, Mo geschl. ❍

Veranstaltungen:
Ostersonntag am Dom **Scoppio del Carro**;
Mai/Juni **Maggio musicale fiorentino,** Konzerte, Ballett, Opern mit Spitzenstars;
Juni **Calcio Storico,** drei Spiele auf der Piazza S. Croce (s. S. 21);
7. Sept. **Rificolona,** Laternenfest.

Tenax, Via Pratese 45a (Bus 29): eine der belebtesten Diskos der Stadt, oft Livemusik.
In-Caffès mit Musik:

▮ **Astor,** Piazza Duomo 20r, Tel. 05 52 39 90 00; 9 Uhr bis nachts, So ab 17 Uhr.

▮ **Negroni,** Via dei Renai 17r, Tel. 0 55 24 36 47; Mo–Sa 8–2 Uhr, So geschl.

▮ **Slowly,** Via Porta Rossa 63r, Tel. 05 52 64 53 54; So geschl.

Florenz ist für feinste **Intarsienarbeiten** bekannt; erhältlich etwa bei Scagliola, Via S. Spirito 11 oder Il Mosaico di Pitti, Piazza de' Pitti 23r.

▮ Tgl. **Markt** bei San Lorenzo. Di Markt beim Parco dei Cascine.

▮ Jeden 2. So im Monat **Antiquitätenmarkt** auf der Piazza Santo Spirito.

▮ Auf der Piazza dei Ciompi breitet sich jeweils am letzten Sonntag im Monat der **Flohmarkt** bis in die umliegenden Straßen aus.

Tipp **Ermäßigter Eintritt:** In den städtischen Museen (u. a. Palazzo Vecchio, Kreuzgang Santa Maria Novella, Cappella Brancaccia, Museum für Stadtgeschichte Firenze com'era, Museum für Malerei des 20. Jahrhunderts Alberto della Ragione (z. Zt. in restauro) erhalten Jugendliche zwischen 12 und 20 Jahren Ermäßigung; Kinder unter 12 Jahren brauchen gar nichts zu bezahlen.

1

Seite 39

Tour 1

Berge, Küste und Kultur

Pontremoli → Villafranca in Lunigiana → Carrara → Pietrasanta → ***Pisa → Livorno → Rosignano Marittimo → *Massa Marittima → Grosseto → Monte Argentario (580 km)

Vor dem Hintergrund der marmorweiß leuchtenden Apuanischen Alpen führt diese Tour von der Bergwelt des 1000 m hohen Cisa-Passes zu den Badestränden der Versilia. In weißer Eleganz ragt auch der Schiefe Turm von Pisa inmitten einer lebendigen Stadt empor, die mehr zu bieten hat als allein die Piazza dei Miracoli. Grüne Macchia verleiht den Badebuchten der Etruskischen Riviera südlich Livornos ihren Reiz. Etruskische Stätten und die mittelalterlichen Städtchen des Hinterlandes bieten die kulturelle Ergänzung zum Wasserspaß an der Küste.

Pontremoli ❶

Hat man – von Norden her kommend – am 1039 m hohen Cisa-Pass den höchsten Punkt der mittelalterlichen Frankenstraße über den Apennin erreicht, steht man auf der Grenze zwischen den Provinzen Emilia-Romagna und Toskana. Von hier aus geht es stets bergab: Rund 800 m tiefer liegt der kleine Ort Pontremoli (236 m; 8070 Einw.). Oberhalb seiner malerischen Altstadt auf der Landzunge am Zusammenfluss von Magra und Verde lohnt im Inneren des Kastells das einzigartige **Stelen-Museum** einen Besuch. Diese Statuen, deren älteste aus der Zeit um 2000 v. Chr. stammt, findet man in Italien sonst nur noch in den Alpentälern des Nordens (April bis Sept. Di–So 9–12 und 15–18 Uhr, Okt.–März 9–12 und 14–17 Uhr).

Agriturismo Costa D'Orsola, Tel./Fax 01 87 83 33 32, www.costadorsola.it
Schön gelegener mittelalterlicher Borgo (1,5 km vom Ort entfernt). ❍

Versilia

Eine spektakuläre Aussicht auf die 1800 m hohen Berggipfel begleitet die Fahrt durch das Magratal, an **Villafranca in Lunigiana** und alten Raubritterburgen vorbei zum Meer. Versilia heißt die Küstenregion von Cinquale bis zum Lago di Massaciuccoli. Mit ihren weiten Sandstränden, dem sauberen Wasser und dem Blick auf die Apuanischen Alpen im Hintergrund ist sie ein beliebtes Badegebiet. Alle Küstenorte sind auf Tourismus eingestellt. **Forte dei Marmi** und **Viareggio** – letzteres ist wegen seines Karnevals auch im Winter beliebt – zählen zu den mondäneren, schon seit Anfang des 20. Jhs. bekannten Badeorten.

APT, 54037 Marina di Massa, Lungomare Vespucci 24, Tel. 05 85 24 00 46, Fax 05 85 86 90 15, www. aptmassacarrara.it
APT della Versilia, Viale G. Carducci 10, 55049 Viareggio, Tel. 05 84 96 22 33, Fax 0 58 44 73 36, www.versilia.turismo.toscana.it
Bahnverbindungen: An der Küste entlang in Carrara-Avenza, Massa, Forte dei Marmi-Querceta, Pietrasanta, Camaiore Lido, Viareggio, Torre del Lago Puccini.

1

Seite 39

Carrara ❷

Den Marmorvorkommen der Apuanischen Alpen verdankt Carrara (100 m; 65 300 Einw.) seine Berühmtheit und die einmalige Kulisse. In der Antike wurde hier der Marmor für die Tempel Roms gewonnen. Der Besuch der **Steinbrüche** ist eindrucksvoll, ebenso die Besichtigung von Stadt und **Museo Civico del Marmo di Carrara** (Viale XX Settembre; tgl. außer So und Fei: Mai–Sept. 10–18, Juli/Aug. bis 20, Okt.–April 8.30–13.30 Uhr).

Naturgenuss verheißt der größte Naturpark der Toskana (540 km²), der **Parco Naturale delle Alpi Apuane.** Das Besucherzentrum im südlich gelegenen **Seravezza** organisiert Touren durch den Park – zu Fuß oder zu Pferd.

i **Centro Documentazione ed Accoglienza Visitatori Parco Alpi Apuane,** Via C. del Greco 11, 55047 Seravezza, Via C. Del Greco 11, Tel. 05 84 75 73 25, Fax 05 84 75 82 07, www.parcoapuane.toscana.it

Tipp Oberhalb von Carrara reift in **Colonnata** der zarte Speck Lardo di Colonnata im Marmorgestein – ein feines Mitbringsel.

Pietrasanta ❸

Auch Pietrasanta (14 m; 24 400 Einw.) ist eine Stadt des Marmors: Das **Museo dei Bozzetti** im harmonischen Kreuzgang des Klosters Sant' Agostino zeigt ca. 200 Modelle und Studien vieler Bildhauer, die aus aller Welt in diese Gegend kommen (Sept.–Juni Di–Sa 14.30–19, gratis; Ende Juni bis Mitte Sept. Di–So 18–20 u. 21–24 Uhr, Eintritt). Interessant sind auch die Werkstätten, in denen Künstler wie Fernando Botero ihre Skulpturen ausführen lassen. An der ***Piazza del Duomo** in der Altstadt zieht neben dem roten **Campanile** der marmorne **Dom** (13. Jh.) den Blick auf sich.

***Pisa ❹

*Piazza dei Miracoli

Die Stadt (92 600 Einw.) ist wegen des Schiefen Turms berühmt geworden. Wo sonst als auf dem »Platz der Wunder« könnte die Erkundung Pisas beginnen? Wie für die Ewigkeit geschaffen, erheben sich Campanile, Dom

1

Seite 39

und Baptisterium auf der grünen Wiese. Ihre weiße Marmorverkleidung unterstreicht die Einzigartigkeit des Ensembles. Die Bürger von Pisa demonstrierten hier ihre Macht und ihren Stolz: Als eine der ersten Kommunen in Italien stand Pisa schon im 11. Jh. unter eigener Herrschaft; Kaufleute und Seefahrer dominierten die Geschicke der Stadt. Siegen gegen die Sarazenen und der Teilnahme am Ersten Kreuzzug folgte die Errichtung von Handelskolonien im Mittelmeerraum. Konflikte mit den papsttreuen Rivalen Genua, Lucca und Florenz leiteten den Niedergang des kaisertreuen Pisa ein: 1406 eroberten es die Florentiner.

Der Schiefe Turm von Pisa auf der Piazza dei Miracoli

***Dom

Der Dom wurde mit dem Beutegut aus dem Sieg gegen die Sarazenen von Palermo (1063) begonnen. Baumeister Buscheto verband eine frühchristliche Basilika (dreischiffiges Langhaus mit Apsis) mit einem Querschiff: Nie zuvor hatte es in Italien einen Sakralbau in Form eines Kreuzes gegeben. Die Verwendung von Arkadenbogen im Innern verleiht dem Raum den Charakter einer Moschee. Buscheto kannte die islamische Architektur; auch die reiche äußere Dekoration mit Marmorintarsien spiegelt diesen Einfluss wider. Andere Stilmittel stammen aus der Romanik Norditaliens.

Die gotische *Kanzel schuf Giovanni Pisano 1302–1322. Bewegte Reliefs zeigen Szenen von der Geburt Johannes des Täufers bis zur Kreuzigung Christi und dem Jüngsten Gericht (So, Fei ab 13, Mo–Sa ab 10 Uhr; März–Okt. bis 19, Nov.–Feb. bis 17 Uhr; So/Fei bis 18.30 bzw. 17.30 Uhr; März–Okt.).

***Baptisterium

Auf einer Achse mit dem Dom liegt das Baptisterium, mit dessen Bau 1153 begonnen wurde. Vater Nicola oder Sohn Giovanni Pisano? Man vergleiche die Kanzel Giovannis im Dom mit der Arbeit Nicolas im Baptisterium, der hier 1260 mit der ersten frei stehenden *Marmorkanzel ein bedeutendes Kunstwerk der italienischen Spätromanik schuf (tgl. im Winter 9–17, März u. Okt. 9–18, April–Sept. 8–20 Uhr).

Wer die Reliefs dieser Kanzel mit den römischen Sarkophagen im ***Camposanto,** dem monumentalen Friedhof an der Nordseite des Platzes, vergleicht, erkennt, wo Nicola Inspirationen fand. Bis zur Zerstörung 1944 schmückten den Friedhof die größten mittelalterlichen Wandmalereien der Welt. Die erhaltenen Teile, die Zyklen »Triumph des Todes«, »Jüngstes Gericht« und »Geschichten der hl. Eremiten«, kann man besichtigen (Öffnungszeiten wie Baptisterium).

***Der Schiefe Turm

Der Turm ist eines der bekanntesten Bauwerke der Welt. Bonanno begann ihn 1173. Bereits während des Baus neigte sich der Campanile – und wurde berühmt. Giovanni di Simone, der Baumeister des Camposanto und des Glockenturms von San Francesco

1

Seite 39

in Pisa, wagte 1275 den Weiterbau und korrigierte die Schieflage, indem er die höheren Stockwerke wieder ins Lot setzte. Der Turm neigte sich über die Jahrhunderte immer stärker und wurde 1990 gesperrt. Man trug auf der höher liegenden Seite Erdreich ab, und der Turm wurde um 38 cm »gerader«. Seit Oktober 2001 ist er wieder besteigbar – für stolze 15 €!

Mediterrane Atmosphäre

Nach der Besichtigung des Domplatzes bietet sich ein Bummel durch die Altstadt von Pisa an, um den heutigen Charakter der Stadt kennen zu lernen. Von Oktober bis Juni, während des italienischen Studienjahres, prägen Studenten das Straßenbild – schließlich steht die Universität mit über 40 000 Einschreibungen seit rund 500 Jahren im Mittelpunkt des städtischen Lebens. Draußen trifft man sie beim Plausch – z. B. auf der ***Piazza dei Cavalieri,** einem der schönsten Plätze der Stadt. Hier lag im Mittelalter das politische Zentrum der Republik Pisa, das Großherzog Cosimo I. 1561 bewusst auslöschte: Zur Abwehr der Piraten im Mittelmeer gründete er den Ritterorden des hl. Stephan und schenkte ihm den Palazzo della Carovana, den ehemaligen Amtssitz des Ältestenrates der Pisaner Kommune. Auf Plänen Vasaris beruhten die herrliche Sgrafitti-Dekoration und die nahe Kirche Santo Stefano dei Cavalieri (tgl. 10.30–18.30, Nov.–Feb. bis 17.30 Uhr; Eintritt). Im Inneren zeugen eindrucksvolle Schiffsteile von den Seesiegen der Ritter gegen die Türken.

Von der Piazza dei Cavalieri geht man nur wenige Schritte zur Universität. Selbstversorger finden in dem mittelalterlich geprägten Viertel rund um die **Piazza delle Vettovaglie** eine Vielzahl von Ständen und kleinen Läden. Den Gegensatz zum lebhaften Marktplatz bildet der ruhige **Borgo Stretto,** eine elegante Ladenstraße, deren Cafés zur Einkehr locken.

Nach der Besichtigungstour haben Sie sich die süßen Köstlichkeiten im ersten Caffè Pisas, bei **Federico Salza** im Borgo Stretto unter den Arkaden, wirklich verdient.

Seit 1109 ist die Brücke **Ponte di Mezzo** am Ende des Borgo dokumentiert, auf der am letzten Junisonntag das Brückenspiel »Gioco del Ponte« (s. S. 21), stattfindet. Auf der anderen Arnoseite wartet der Corso Italia, die Haupteinkaufsmeile, auf Neugierige.

APT, Via Pietro Nenni 24, 56100 Pisa, Tel. 0 50 92 97 77, Fax 0 50 92 97 64; Informationsbüros: Piazza della Stazione (Bahnhof), Tel. 05 04 22 91, am Flughafen G. Galilei, Tel. 0 50 50 37 00 und Via Cammeo 2 (außerhalb der Stadtmauer, auf Höhe des Baptisteriums), Tel. 0 50 56 04 64, www.pisa.turismo.toscana.it

Royal-Victoria, Lungarno Pacinotti 12, Tel. 0 50 94 01 11, Fax 0 50 94 01 80, www.royalvictoria.it
Schönes altes Hotel direkt am Arno. ○○

Camping: Torre Pendente, Viale delle Cascine 86, 1 km außerhalb; geöffnet April bis Mitte Okt.

Bruno, Via Luigi Bianchi 12, Tel. 0 50 56 08 18. Pisanische Küche, z. B. Stockfisch mit Kichererbsen oder Getreidesuppe; So abend u. Mo geschl. ○○–○○○

▮ **Osteria dei Cavalieri,** Via San Frediano 16, Tel. 0 50 58 08 58. Toskanische Küche mit Fantasie. Sa mittag u. So geschl. ○○

1

Seite 39

Jeden Mi und Sa großer **Markt** auf dem Parkplatz an der Via del Brennero; jedes zweite Wochenende (nicht Juli/Aug.) **Antiquitätenmarkt** auf der Piazza dei Cavalieri.

Tipp Verbilligtes Sammelticket für Dom, Baptisterium, Camposanto, Dom- und Sinopienmuseum.

Livorno ❺

Eine Fahrt ans Meer nach Marina di Pisa bietet die Gelegenheit, in ***San Piero a Grado** die romanische Kirche zu besichtigen. Hinter Tirrenia kündigen Raffinerieanlagen und Hafenkräne die Industriestadt Livorno (161 300 Einw.) an. Ihre Entwicklung zu einem wichtigen Mittelmeerhafen begann unter den Medici, die hier Festungen und Kanäle anlegten. Weite Flächen wie die **Piazza della Repubblica** und die **Piazza Grande** mit dem Dom prägen das Stadtbild. Schön zum Bummeln ist das pittoreske Viertel ***Quartiere Venezia** zwischen der Fortezza Vecchia und der Fortezza Nuova.

APT, 57100 Livorno, Piazza Cavour 6, Tel. 0 58 62 04 61, Fax 05 86 89 61 73; Infobüros im Porto Mediceo, Calata Carrara, Tel. 05 86 89 53 20, sowie Piazza del Municipio, Tel. 05 86 20 46 11 (1. 6.–30. 9.), www. livorno.turismo.it

Gran Duca, Piazza Micheli 16, Tel. 05 86 89 10 24, Fax 05 86 89 11 53, www.granduca.it Komfort im Inneren einer Medici-Festung. OOO

Vecchia Livorno, Via Scali delle Cantine 34, Tel. 05 86 88 40 48, Di geschl. Exzellente Nudelgerichte mit Fisch! OO

Die Lebensmittelstände des **Mercato Centrale** (Via A. Saffi) verlocken zum Einkaufsbummel.

Rosignano Marittimo ❻

Südlich von Livorno reist man auf der Via Aurelia (SS 1) stets an der Küste entlang. Auf den Badeort Quercianella folgt das schön gelegene, gepflegte Seebad Castiglioncello.

Von Rosignano Solvay lohnt ein Abstecher nach Rosignano Marittimo (30 500 Einw.). Auf einer kleinen Anhöhe gelegen, bietet es ein herrliches Panorama sowie ein Kastell aus dem 13./14. Jh. mit einem **Archäologischen Museum.** Die Ausstellung gibt Einblick in die Ausgrabungen der Umgebung mit Funden aus etruskischer und römischer Zeit. Südlich säumen die Badeorte Vada, Marina di Cecina und Forte di Bibbona die Küste.

Pro Loco, 57016 Rosignano Marittimo, Via Gramsci 19, Tel./Fax 05 86 79 29 73 (1. 6.–30. 9.); 57018 Vada, Piazza Garibaldi 93, Tel. 05 86 78 83 73, Fax 05 86 78 50 30, E-Mail: prolocovada@tin.it

Campingplätze: Mehrere in Vada, Marina di Cecina, Forte di Bibbona, alle am Meer.

San Vincenzo ❼

Hinter Forte di Bibbona führt die mit 4,8 km längste Zypressenallee Italiens nach Bolgheri, wo der Dichter und Nobelpreisträger Giosuè Carducci seine Jugendjahre verlebte. Überall im Dorf werden kleine Snacks *(merende)* angeboten, dazu der hervorragende Weiß- und Rotwein der Gegend.

1
Seite 43

Über Castagneto Carducci, Suvereto und das hübsche Städtchen Campiglia Marittima erreicht man **San Vincenzo** (6800 Einw.), einen belebten Badeort. Er bietet gute touristische Einrichtungen und sauberes Wasser.

APT, 57027 San Vincenzo, Via B. Alliata 2, Tel. 05 65 70 15 33, Fax 05 65 70 69 14, E-Mail: apt7vicenzo@tiscalinet.it

Riva degli Etruschi, Via della Principessa 120, Tel. 05 65 70 23 51, Fax 05 65 70 40 11, www.rivadeglietruschi.it
Ruhige Lage. OO
Camping: In Pinienhain 800 m vom Meer gelegen.

Gambero Rosso, Piazza della Vittoria 13, Tel. 05 65 70 10 21. Spitzenlokal, Mo, Di. geschl. OOO

*Massa Marittima ❽

Von San Vincenzo lohnt der Abstecher durch Pinien- und Steineichenwälder zum schönen Golf von Baratti. In die ***etruskischen Grabhügel** von Populonia kann man hineinkriechen. Da macht selbst Kindern die Archäologie Spaß – die flache Badebucht ist gerade für die Kleinen wie geschaffen!

Als wahres Bilderbuchstädtchen des Mittelalters präsentiert sich Massa Marittima (8800 Einw.) hoch über der weiten Ebene der Maremma (s. S. 44). Wer einmal auf der zentralen ***Piazza Garibaldi** – umgeben von den **Logge del Comune,** dem **Palazzo Comunale,** dem **Palazzo del Podestà** und dem ***Dom** – bei Sonnenuntergang einen Campari getrunken hat, kommt sicher immer wieder hierher!

Massa verdankt seinen Aufstieg im 9. Jh. der Verlegung des Bischofssitzes

1
Seite 43

von Populonia auf diesen sicheren Hügel sowie den Metallvorkommen der **Colline Metallifere** in der Umgebung. Im 16. Jh. leitete die Malaria den Niedergang der Stadt ein, dem erst im 19. Jh. durch die Trockenlegung der Sümpfe und die Wiederaufnahme des Bergbaus Einhalt geboten wurde.

Massa besitzt eine hinreißende mittelalterliche Atmosphäre: Die untere **Città Vecchia** prägten das 11. bis 13., die obere »Neustadt« das 13. und 14. Jh. In den folgenden Jahrhunderten war kein Geld mehr für Um- und Neubauten vorhanden.

Ufficio Turistico Alta Maremma Turismo (AMATUR), Via Todini 3, 58024 Massa Marittima, Tel. 05 66 90 27 56, Fax 05 66 94 00 95, www.stradavino.it, E-Mail: amatur@cometanet.it

Il Sole, Via della Libertà 43, Tel. 05 66 90 19 71, Fax 05 66 90 19 59, http://utenti.tripod.it/hotelilsole
Angenehmes, günstiges Hotel in einem schön restaurierten mittelalterlichen Gebäude. ❍–❍❍

Taverna del Vecchio Borgo, Via Parenti 12, Tel. 05 66 90 39 50.
Typische Küche der Maremma; So abends und Mo geschl. ❍

Grosseto ❾

Pinien, Badebuchten, Sandstrände – so präsentiert sich die Küste vor Grosseto (72 600 Einw.). Das noble Seebad **Punta Ala** ragt auf einer Landzunge ins Meer hinein. Mit einer reizvollen mittelalterlichen Oberstadt besticht der Badeort **Castiglione della Pescia.**

Die Maremma

Der Name Maremma (von *marittima* – am Meer) bezeichnete nach dem Verfall der etruskischen Entwässerungsanlagen bis ins 19. Jh. hinein ein ungesundes, durch Malaria und Piratenüberfälle entvölkertes Sumpf- und Hügelgebiet im Südwesten der Toskana. Die Lebenserwartung der Bevölkerung lag bis 1840 unter zwanzig Jahren! Erst die Trockenlegung der Sümpfe im 19. Jh. ließ die *butteri,* die Cowboys der Toskana, mit ihren Rinderherden zurückkehren.

Der Reiz dieser Landschaft liegt im Kontrast der weiten Ebene zu den Hügeln des Hinterlandes. Von den alten Burgstädtchen (z. B. **Montepescali, Magliano in Toscana** oder **Capalbio** (dort in der Nähe der geheimnisvolle Giardino dei Tarocchi, S. 8) genießt man die traumhafte Aussicht bis zum Meer.

Die einzigartige Flora und Fauna der Maremma, für die es auch Führungen gibt, lernt man am besten in einem der drei Naturschutzgebiete kennen. Auskünfte zum ***Parco Naturale dell'Uccellina** im Besucherzentrum in Alberese (Tel. 05 64 40 70 98) sowie zum **Rifugio Faunistico Lago di Burano** (Tel. 05 64 89 88 29) und zum **Rifugio Faunistico Laguna di Orbetello** (Tel. 05 64 82 02 97) der WWF Toskana (Via Sant'Anna 3, 50129 Florenz, Tel./Fax 0 55 47 78 76), www.wwf.it

Die **Pineta del Tombolo** ist ein 10 km langer Schirmpinienwald, den man vor Grosseto (71 000 Einw.) durchfährt. Nur die mächtigen Mauern aus der Medicizeit (16. Jh.) blieben hier erhalten. Das etruskische **Museo Archeologico e d'Arte della Maremma** an der Piazza Baccarini, das Schmuck aus der Antike präsentiert, wurde 1999 wieder eröffnet (Mai–Okt. Di–So 10 bis 13, 17–20, Nov.–Feb. Di–Fr 9–13, Sa, So 9–13, 16–18, März–April Di–So 9–13, 16–18 Uhr).

i **APT,** 58100 Grosseto, V. Monterosa 206, Tel. 05 64 46 26 11, Fax 05 64 45 46 06; www.grosseto.turismo.toscana.it

Ausgrabungen in einer fast griechisch anmutenden Umgebung bieten die ideale Ergänzung zum Museum: So idyllisch liegt das antike ***Roselle** ⑩ bei Grosseto in Olivenhainen.

Die Reste etruskischer Tavernen und Werkstätten und die 3 km lange Stadtmauer vermitteln ebenso wie das römische Forum und Amphitheater etwas vom Leben früherer Zeit.

Monte Argentario ⑪

Traumhafte ***Ausblicke aufs Meer** genießt man auf der Rundfahrt um den Monte Argentario südlich von Grosseto. Drei Landzungen verbinden die ehemalige Insel mit dem Festland. Porto S. Stefano, Porto Ercole und Orbetello weisen Überreste spanischer Festungen auf: Von 1555–1808 gehörte der Monte Argentario zum spanischen Stato dei Presidi.

i **APT,** 58015 Orbetello, Piazza della Repubblica 1, Tel./Fax 05 64 86 04 47, www.proloco-orbetello.it

Tour 2

Ferieninsel Elba

***Portoferraio → Procchio → Marciana Marina → Marciana Alta → San Piero in Campo → Marina di Campo → *Capoliveri → Porto Azzurro → *Volterraio → Bagnaia**

2

Seite 49

Tiefblaues sauberes Wasser, weiße Sandstrände und kleine Felsbuchten, grün duftende Macchia, die im Frühjahr in strahlendem Ginstergelb erblüht, und die rötlich schimmernde Erde: Das sind die Farben von Elba. Ihre wundervolle Natur lädt zum Wandern, Baden und Faulenzen ein – und doch bietet die Insel für Interessierte auch Kulturelles: Etrusker und Römer, die Appiani- und die Medici-Familie hinterließen auf Elba ebenso ihre Spuren wie Napoleon, der ein knappes Jahr hierher verbannt war.

Der natürliche Hafen von Portoferraio, der einzigen Stadt auf Elba, bildete immer die Lebensader der Insel. Legt hier heute die Passagierfähre aus Piombino an, wurde noch bis weit ins 20. Jh. Eisenerz aus dem Nordosten Elbas aufs Festland verschifft.

Die ersten, die den Rohstoff nutzten, waren die Etrusker; sie lieferten das Erz nach Populonia im Golf von Baratti. Zur Römerzeit legten in Portoferraio die Versorgungsschiffe mit Luxusgütern für die Villenbesitzer an.

Erst die pisanische Familie der Appiani zog sich aus den Küstenorten lieber in das vor Piraten geschützte Inselinnere zurück. Portoferraio verlor sie dadurch allerdings an den Medici Cosimo I., der 1548 zur Verteidigung Elbas die beiden Festungen Forte Stella und Forte Falcone errichtete.

2

Seite 49

1802 fiel Elba an Frankreich. Zwölf Jahre später war Napoleon zwangsweise 300 Tage lang zu Gast. Der Ex-Kaiser leitete auf der Insel einen Aufschwung ein: Straßenbau, Weinkultur und Eisenerzabbau belebten ihre Wirtschaft. Die große Zeit Elbas kam mit dem Bau der ersten Hochöfen Ende des 19. Jhs. Die Zerstörung dieser Öfen 1944 traf Elba schwer – legte aber den Grundstein für seine Entwicklung zu der Ferieninsel, die es heute ist.

Tipp Mit dem Elbabusticket können Sie für 6,50 € einen Tag und für 18 € sechs Tage lang alle Buslinien der Insel benutzen.

*Portoferraio ⑫

Anmutig gruppiert sich Portoferraio (etwa 12 000 Einw.) um das alte Hafenbecken, die ***Darsena.** Boutiquen und Cafés laden zum Müßiggang ein, elegante Jachten und tuckernde Fischerboote ziehen die Blicke der Spaziergänger auf sich. Schützend wachen die Medici-Festungen ***Forte Stella** und **Forte Falcone** über das Treiben.

Die Shoppingmeile der Inselhauptstadt führt das alte Hafenbecken entlang. In der Buchhandlung **Il Libraio** gibt es auch deutsche Titel.

*Pinacoteca Foresiana

Man betritt die **Altstadt** durch die **Porta a Mare.** Alle Gassen führen von hier aufwärts und enden in kleinen Treppenaufgängen. Blumentöpfe lockern die Fassaden auf. Hier herrscht geräuschvoller italienischer Alltag rund um Banken, Bars und Bambini.

Im oberen Teil der Stadt kann man sich der Kultur zuwenden. Das ehemalige ***Franziskanerkonvent** aus dem 16. Jh. beherbergt die *Pinacoteca Foresiana, die einzige Gemäldegalerie Elbas. Sie präsentiert eine reiche Auswahl an Stadtansichten und Landschaften der Insel aus dem Blickwinkel vergangener Zeiten (bis 2003 wegen Restaurierung geschlossen; für Infos Tel. 05 65 93 73 71).

Auch die **Chiesa della Misericordia** gegenüber erlebte profanere Zeiten: Napoleon vermisste auf der Insel Unterhaltung und ließ die Kirche in ein Theater verwandeln. Nebenan präsentiert das **Museo Napoleonico** eine Sammlung von Andenken an den Kaiser. Man sieht dort u. a. seine in Bronze gegossene Hand und seine Totenmaske.

*Villa dei Mulini

Der Treppe folgt man hinauf bis zur Villa dei Mulini. Von außen wirkt dieses Haus sehr einfach – kein Wunder, schließlich hatte es der letzte Medici-Großherzog Gian Gastone 1724 auch als Gerichts- und Gefängnisgebäude errichten lassen. Den Besuch lohnt allein schon die herrliche *Aussicht vom hübschen Garten auf die steil ins Meer abfallenden Felsen. Im Inneren werden Möbel aus napoleonischer Zeit ausgestellt.

Im himmelblauen Bett des Schlafzimmers könnte Napoleon tatsächlich gelegen haben: Dieses Zimmer enthält noch die Originaleinrichtung. (Mo, Mi, Sa 9–19, So/Fei 9–13 Uhr; verbilligte Eintrittskarte (5 €) gilt zusammen mit der »Villa San Martino« außerhalb von Portoferraio, einfaches Ticket 3 €, unter 18 u. über 65 Jahren gratis, zwischen 18 u. 25 Jahren 50 % Ermäßigung.)

*Archäologisches Museum

Über kleine Treppchen gelangt man wieder zurück zum Hafen. Vor dem Linguellaturm wartet dort das neu eingerichtete Archäologische Museum auf Besucher. Didaktisch gut aufgebaut, vermittelt es einen Überblick über Elbas Geschichte vom 8. Jh. v. Chr. bis zum 2. Jh. n. Chr. (tgl. außer Mo; Frühjahr bis Herbst 9.30–12.30, 16–19 Uhr; 15. Juni bis 15. Sept. tgl. 9.30–14, 18–24 Uhr; Winter nach Voranmeldung, Tel. 05 65 94 40 24).

Alle wichtigen Informationsstellen am neuen Hafenbecken: Fremdenverkehrsamt **Azienda di Promozione Turistica dell'Arcipelago Toscano,** Calata Italia 26, 57037 Portoferraio, Tel. 05 65 93 07 27, Fax 05 65 91 63 50; Infobüro: Calata Italia 43, Tel 05 65 91 46 71, Fax 05 65 91 46 72, www.aptelba.it, Hotelverband »Associazione Albergatori Isola d'Elba«, Calata Italia 20/21, 57037 Portoferraio, Tel. 05 65 91 55 55, Fax 05 65 91 78 65.
Busverbindungen: Busbahnhof mit Auskunftsbüro am neuen Hafenbecken. Gute Verbindungen auf der ganzen Insel.

Ape Elbana, Salita Cosimo de' Medici 2, Tel./Fax 05 65 91 42 45, www.elba2000.it/alberghi/apeelban Ganzjährig. Man wohnt zentral im ältesten Hotel Elbas, in dem schon Napoleons Gäste logierten. ○○○

Osteria Libertaria, Calata Giacomo Matteotti 13, direkt an der Hafenpromenade. Typisch elbanische Küche in einem kleinen, gemütlichen Lokal. ○○

▮ **Castagnaccio,** Via Mercato Vecchio (zw. Piazza Cavour u. Piazza Repubblica), Tel. 05 65 91 58 45. Rustikal-gemütliches Lokal: hervorragende Pizzen, *cecina* (Kichererbsentorte) und *castagnaccio,* eine Kastanienmehltorte. ○

Schmale Gassen in Portoferraio

Veranstaltungen:
29. April **Fest des Stadtheiligen;** jeden Fr **Markt.**

*Villa San Martino

Zum Sommerhaus Napoleons fährt man aus Portoferraio hinaus: Rund 1 km nach der Kreuzung Bivio Boni führt links eine Straße zur Villa San Martino. Anatol Demidoff, ein angeheirateter Neffe Napoleons, erwarb das Anwesen, fügte einen klassizistischen Tempel hinzu und richtete hier ein Museum ein, dessen Exponate inzwischen verkauft sind. Den Fries der Fassade zieren das N Napoleons, der kaiserliche Adler sowie sein Elba-Wappen, die drei Bienen. Napoleons **Sommerhaus** wirkt dagegen von außen eher bescheiden – innen überrascht aber die reiche *Ausstattung (Di–Sa 9–19, So/Fei 9–13 Uhr).

Badeorte der Nordküste

Biodola ⑬

In Biodola – man fährt 2 km auf der Hauptstraße Richtung Westen, dann rechts in vielen Kurven hinunter zum Meer – fehlen zur Südseeromantik nur

2
Seite 49

2

Seite 49

noch die Palmen: Eingebettet in die Hügel mit Macchia zieht sich der weiße Sandstrand vor kristallklarem Meer die Bucht entlang. Die Luxushotels fügen sich in die Landschaft ein.

Da Luciano, Tel. 05 65 96 99 52. Gemütliche Pizzeria am Meer in Scaglieri. Holzkohleofen im Speisesaal und jede Menge Fisch. ❍❍

Procchio

Als Ferienziel beliebt – und dabei weniger luxuriös – ist Procchio in der benachbarten Bucht. Der Ort ist ohne besondere Merkmale, es bestechen aber auch hier ein weißer Traumstrand und ein gutes Angebot an Hotels, Restaurants und Bars sowie die vielfältigen Sport- und Freizeitmöglichkeiten.

Bruno Viaggi e Turismo, Corso di Procchio 3, 57030 Procchio, Tel. 05 65 90 73 80, Fax 05 65 90 78 33, www.brunoviaggi.it
Ferienwohnungen, Hotels, Apartments, Mietwagen, Mountainbikes.

Marciana Marina ⓮

Etwas stiller geht es in Marciana Marina (1890 Einw.) zu, einem der attraktivsten Ferienorte Elbas. Bunte kleine Häuser säumen seine wunderschöne, von alten Tamarisken bestandene Hafenpromenade. An der Mole dümpeln Segel- und Fischerboote; der von den Pisanern im 12. Jh. errichtete Sarazenenturm hält Wacht.

Trotz seiner vielen Besucher konnte sich Marciana Marina bisher sein Eigenleben noch bewahren – man braucht nur wenige Schritte abseits der Hafenpromenade das Gewirr der Gässchen zu durchstreifen. Den ältesten Teil des Ortes, das Fischerviertel Cotone mit der langen Hafenpromenade, findet man östlich vom Hafen.

Brauntour Viaggi, Via Cavallotti 10, 57033 Marciana Marina, Tel. 05 65 99 68 73, Fax 05 65 99 68 24, www.abviaggi.it
An der Piazza im Zentrum, organisiert auch Tauchferien.

Enoteca Coltelli, Piazza della Vittoria 12, Tel. 0 56 59 91 66. Uriges Lokal. ❍

Veranstaltungen:
12. August **Fest der Stadtpatronin Santa Chiara** Tausende von kleinen Lichtern beleuchten die Prozession der Fischerboote, die die Statue der hl. Klara am Abend aufs Meer hinausgeleiten; Juli/August **Jazz- und Klassikkonzerte** auf der Piazza.

Der westliche Inselrücken

Hoch oben und damit sicher vor Piraten liegt **Marciana Alta** ⓯ (374 m; 2300 Einw.), ein bezauberndes kleines Residenzstädtchen, am Abhang des Monte Giove (790 m). Im 15. und

16. Jh. regierte die Appiani-Familie von diesem Ort aus ihr kleines Reich – viele kleine Adels- und Bürgerpaläste blieben aus dieser Zeit erhalten. Das geschlossene, zum Teil noch mittelalterlich geprägte Stadtbild erschließt sich bei einem Spaziergang, der auch das Archäologische Museum nicht auslassen sollte (Tel. 05 65 90 12 15).

Hoch hinaus gelangt man mit der Kabinenbahn (Tel. 05 65 90 12 15) auf den **Monte Capanne** (1018 m), den höchsten Berg Elbas (Ostern–Okt. 10 bis 12.15 u. 14.45–18.30 Uhr; Frühjahr, Herbst bis 17 Uhr; Juli/Aug. auch 18 bis 23 Uhr). Ein weiterer schöner Ausflug ist die Wanderung von der Pisaner Festung zur Wallfahrtskirche **Madonna del Monte** (672 m).

Über das kleine Bergdorf **Poggio,** das sich auf 350 m Höhe terrassenförmig unterhalb des Monte Capanne erstreckt, führt eine Straße zu dem noch recht unberührten Inselort **San Piero in Campo** (227 m). Hier findet man mit der romanischen Kirche *San Niccolò das bedeutendste Kunstwerk Elbas. In frühchristlicher Zeit entstand auf einer heidnischen Kultstätte ein christlicher Bau. Sein ungewöhnlicher Grundriss, zwei Schiffe mit jeweils eigener Apsis, lässt auf byzantinische Vorbilder und eine Entstehungszeit im 7. Jh. schließen. Einmalig für die Insel sind die restaurierten Fresken aus dem 14. und 15. Jh. von katalanischen oder portugiesischen Künstlern.

Seite 49

Marina di Campo ⓰

Der lebhafte Ferienort besitzt einen 2 km langen breiten Sandstrand und eine hervorragende touristische Infrastruktur. Hauptflaniermeile ist die Geschäftsstraße **Via Roma** sowie das kleine, trotz der vielen Besucher noch recht sympathische **Fischerviertel** am südwestlichen Hafenende.

Das **Aquarium M 2** (außerhalb des Ortes an der Straße nach Lacona) gewährt mit mehr als 150 Meerestieren Einblick in die faszinierende Unterwasserwelt. Bar und Souvenirshop gehören zum Komplex (Mitte März bis Mai, Okt. 9–19 Uhr, Juni–Sept. bis 23.30 Uhr; Tel. 05 65 97 78 85, www.acquarioelba.com).

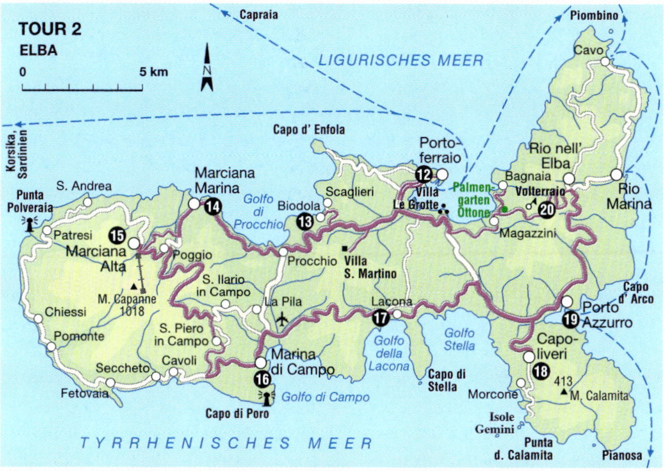

2

Seite 49

Verschwiegene Winkel in kleinen Gebirgsdörfern

Infobüro dell'APT, Piazza dei Granatieri, Tel. 05 65 97 79 69; 1. Mai–30. Sept.

Hotel Select, Via Mascagni, Tel. 05 65 97 77 02, Fax 05 65 97 65 03; www.elbahotel.it Ostern–Mitte Okt. Am Strand, modern, Garten, Swimmingpool. ○○○

Hotel Elba, Via Mascagni, Tel. 05 65 97 62 24, Fax 05 65 97 72 80, www.hotel-elba.it
April bis Okt. Direkt am Sandstrand gelegen, mit eigenem Swimmingpool, auch Apartments. ○○○

Camping: Drei Plätze im Pinienhain am östlichen Ortsrand, Ortsteil La Foce: **La Foce,** Tel. 05 65 97 64 56, Fax 05 65 97 73 85, www.infoelba.it/campinglafoce
Ganzjährig geöffnet; Tauch-, Surf- und Segelschule in der Nähe.

Aragosta, Via Bologna 6, Tel. 05 65 97 71 31. Im alten Viertel gelegen; gutes Fischrestaurant – *cacciucco* probieren! ○○○

Abendessen »al fresco«

Lacona ⑰

Dichte Macchia und eine kurvenreiche Straße trennen Marina di Campo von der Nachbarbucht Lacona. Ein langer Bilderbuch-Sandstrand, eingerahmt von grünen Hügeln und mächtigen Schirmpinien, die bis ans Wasser heranreichen – das ist Lacona, das als Ort eigentlich gar nicht existiert: Die lose Ansammlung von Restaurants, Hotels und Campingplätzen bildet nur die nötige Infrastruktur. Weingärten und Olivenhaine erstrecken sich im Hinterland dieser malerischen Bucht.

*Capoliveri ⑱

Ganz anders zeigt sich das Bergdorf Capoliveri (167 m; 3160 Einw.). Das Leben pulsiert auf der Piazza: Die Bars mit ihren kleinen Tischen im Freien sind stets gut gefüllt, alte Männer diskutieren auf den Bänken, und die Jugend versammelt sich am Mäuerchen des Platzrandes. Der Ort hat ein geschlossenes Straßenbild mit netten Lokalen und Geschäften.

Agenzia T. Della Lucia, Via Mellini 9, 57031 Capoliveri, Tel. 05 65 93 51 17, Fax 05 65 93 51 84; www.agenziacapoliveri.com

Reiche Auswahl an Apartments im Gemeindegebiet von Capoliveri mit den Buchten von Lacona, Morcone, Pareti, Innamorata und Naregno.

Summertime, Via Roma 56, Tel. 05 65 93 51 80. Intimes kleines Lokal, im Sommer sitzt man im Freien auf der Via Roma; delikate Fischgerichte. ○○○

Veranstaltungen:
Karfreitagsprozession auf der Piazza; Do **Markt;** So vor Pfingsten **Festa del Cavatore;** Ende Mai/Anf. Juni **Elbanische Weinprobe;** 14. Juli **Festa dell'Innamorata;** Juli/Aug. **Konzerte** auf der Piazza; letzter So im Sept. **Festa dell'Uva.**

Sugar Reef. Musikbühne in bezaubernder Lage über dem Meer, Richtung Morcone, La Trappola.

An Sommerabenden Kunsthandwerker und Schmuckverkäufer an der Via Roma.

Porto Azzurro ⑲

Das Ortsensemble insgesamt macht den Charme des malerischen Fischerhafens aus. Zum Flanieren ist das Städtchen (3400 Einw.) mit der schönen Altstadt wie geschaffen. Die große **Piazza Giacomo Matteotti** mit ihren Cafés, Eisdielen, Restaurants und vielen Fenstern mit Geranienschmuck bildet den Mittelpunkt bei dieser Show. Im Sommer geht es bis spät nachts heiß her.

Seit 1858 sitzen in der spanischen Festung **Longone** oberhalb der Stadt Strafgefangene ein. Ein romantischer Spaziergang führt von Porto Azzurro aus zur Wallfahrtskirche **Madonna di Montserrato.**

Reisebüro **Mantica,** Piazza Matteotti 13, 57036 Porto Azzurro, Tel. 0 56 59 53 51, www.manticaviaggi.it, E-Mail: info@manticaviaggi.it

Due Torri, Via XXV Aprile 3, Tel. 0 56 59 51 32, Fax 05 65 9 5 77 97; Ende April–Okt. Kleines Familienhotel mit Restaurant. ○○

Delfino Verde, Via Vitaliani 1, Tel. 0 56 59 51 97. Restaurant, auf Stelzen gebaut im Hafen, vorzügliche Küche. ○○

Samstag ist **Markt;** im Sommer in der Altstadt am Abend **Schmuck- und Kunsthandwerksmarkt.**

2
Seite 49

Naturpark Toskanischer Archipel

1996 wurde der Naturpark zum Schutz der Inseln des toskanischen Archipels und des umliegenden Meeres eingerichtet. Eines der Projekte sieht die Wiedereröffnung der **Grande Traversata Elbana,** eines die ganze Insel durchquerenden Wanderwegs, vor.

Informationsbüros zum Park und Ausflugsprogramm bestehen in Marciana Alta, Rio nell'Elba und Portoferraio (Ente Parco Arcipelago Toscano, Via Guerrazzi 1, 57037 Portoferraio, Tel. 05 65 91 94 11, Fax 05 65 91 94 28, www.islepark.it, E-Mail: parco@islepark.it

2

Seite 49

*Festung Volterraio ⑳

Weithin sichtbar ragt das mächtigste Kastell der Insel in den blauen Himmel. 1284 wurde es von den Pisanern zum Schutz für die Bevölkerung von Rio nell'Elba und Bagnaia auf den Mauern eines etruskischen Vorgängerbaus errichtet. Man nähert sich der Burg auf kurvenreicher Straße durch einen romantischen Hohlweg. Rechts bei einem verfallenen Schafstall kann man parken. Von hier aus kann man den Aufstieg auf die Bergfestung unternehmen (ca. 30 Min., festes Schuhwerk, kein gekennzeichneter Pfad). Oben öffnet sich ein traumhafter ***Panoramablick** bis Montecristo und Korsika – und auch auf die Bucht von Portoferraio. Unten erkennt man das kleine Fischerdorf **Bagnaia** ebenso wie den Ferienort **Magazzini.**

Tipp Im Weingut **La Chiusa** (kurz vor Magazzini) kann man sich mit Elbas Spitzenweinen eindecken (Mo bis Sa Sommerzeit 9–12, 17–19, Okt. 9–12, 16–18 Uhr, Winter nur vorm., www.elbalink.it/aziende/chiusa).

Palmen und *Römervilla

Dazwischen liegt einer der schönsten Parks auf Elba, der ***Palmengarten Ottone** beim Campingplatz Rosselba Le Palme. Mächtige Palmen aus Afrika, Lateinamerika und Asien, die bis zu 25 m in die Höhe wachsen, säumen die Spazierwege des Parks.

Malerisch auf einem Hügel am Golf von Portoferraio liegt die römische **Villa Le Grotte.** Wenn die Abendsonne den Golf und die Altstadt in rotgoldenes Licht taucht, wird es hier romantisch. Die Funde aus der Villa präsentiert das archäologische Museum in Portoferraio.

Tour 3

Klassische Städte der Toskana

****Lucca → *Montecatini Terme → *Pistoia → **Prato → Artimino → San Miniato → *Certaldo → **San Gimignano → **Volterra (190 km)**

Von Lucca, der heiteren Geburtsstadt Giacomo Puccinis, führt diese Route über den Pinocchio-Park in Collodi und die Thermen von Montecatini nach Artimino, wo das Jagdschloss des Medici-Großherzogs Ferdinand I. mit über hundert Kaminen der Besichtigung harrt. Das schönste Keramikmuseum der Region findet man in Montelupo Fiorentino. Danach taucht man ein in die klassische Landschaft der Toskana zwischen den Städtchen San Gimignano und Volterra.

**Lucca ㉑

Der Geburtsort Giacomo Puccinis (85 500 Einw.) bietet nicht nur Kunst und Bauwerke vergangener Epochen, sondern auch angenehme moderne Cafés und Geschäfte mit freundlicher Bedienung.

Unter den Langobarden wurde Lucca Sitz eines Herzogs und Hauptstadt der *Tuscia* (Toskana). Ende des 11. Jhs. entwickelte es sich zu einer freien Kommune. Auseinandersetzungen mit Pisa und Florenz gefährdeten den kleinen Stadtstaat immer wieder, doch konnte Lucca sich noch lange halten: Erst 1847 wurde es als letzter der Rivalen von Florenz dem Großherzogtum Toskana eingegliedert.

Die fein gegliederte Domfassade

**Dom San Martino

Den Stadtrundgang beginnt man am besten bei einem Juwel Luccas, dem Dom San Martino. Von welch enormer gestalterischer Fantasie des Baumeisters Guidetto da Como zeugt doch seine reich verzierte, mit drei Säulengalerien gegliederte romanische Schaufassade von 1204! Im Inneren birgt der Dom neben einem **Tintoretto** (»Abendmahl«, 3. Altar rechts) ein Hauptwerk der italienischen Bildhauerei: das Grabmal der ***Ilaria del Carretto** von Jacopo della Quercia. Ilaria war die schöne Gattin des Stadtherrn Paolo Guinigi, die 1405 früh verstarb. Die Figur wirkt mit dem zarten Gesichtsausdruck noch gotisch, der Sarkophag mit Anklängen an römischen Grabschmuck renaissancehaft. Das Tempelchen im linken Seitenschiff beherbergt den **Volto Santo,** ein »heiliges Antlitz« genanntes Holzkreuz. Der Legende nach halfen Engel dem Künstler beim Schnitzen des Gesichtes Christi. Auf wunderbare Weise gelangte es an den Strand von Luni, von wo es nach Lucca in die Kirche San Frediano gebracht wurde. Zur Erinnerung an diese Geschehnisse wird das Kreuz alljährlich am 13. September in einer Lichterprozession durch die Stadt getragen.

*Santa Reparata

Nur wenige Schritte weiter erhebt sich die einstige Hauptkirche Luccas, Santa Reparata mit dem gotischen Baptisterium San Giovanni. Anhand der Ausgrabungen unter der Kirche kann man alle Phasen ihrer tausendjährigen Baugeschichte nachvollziehen – vom ersten römischen Haus aus dem 1. Jh. v. Chr. bis zur frühchristlichen Basilika aus dem 4./5. Jh. mit ihrer Krypta vom Ende des 8. Jhs. Die Baustelle, in die sich der Ort für den Umbau zur romanischen Kirche im 12. Jh. verwandelte, blieb unter dem Fußboden des Hauptschiffes erhalten (tgl. 10–18 Uhr, Nov.–März Sa, So 10 bis 17 Uhr, sonst Tel. 05 83 49 05 30; Sammelticket mit Ilaria und Museo della Cattedrale).

3

Seite 58

Weiter durch die Stadt

Über die weite **Piazza Napoleone** und das ehemalige römische Forum erreicht man die Kirche ***San Michele in Foro.** Ihr gilt der ganze Stolz der Luccheser. Die Schaufassade des 13. Jhs. beeindruckt durch die Vielfalt ihrer Säulen und Marmorbänder.

Von eleganten Geschäften wird die **Via Fillungo,** die Hauptflaniermeile Luccas, gesäumt. Geschmackvolle Schaufenster in mittelalterlichen Gebäuden wetteifern hier um die Gunst der Kunden.

Tipp Für eine Pause ist das **Café Di Simo** in der Nr. 58 ideal.

Rechts der Via Fillungo erstreckt sich die **Piazza Anfiteatro.** Sie zeichnet das Oval eines Theaters aus dem 2. Jh. n. Chr. nach. Bei einem Eistee kann man die Atmosphäre der Piazza in Ruhe auf sich wirken lassen.

Luftige Höhen erklimmt man beim Aufstieg auf den **Guinigi-Turm,** dessen Steineichen auf dem Dach den

Weg weisen. Von hier oben oder beim Spaziergang auf der **Stadtmauer** rund um Lucca genießt man einen herrlichen Blick auf die Stadt und die umliegenden Hügel (Nov.–Febr. 9.30–17, März–Okt. 9–20, Mai bis Anf. Sept. 9–24 Uhr).

APT, P. Guidiccioni 2, 55100 Lucca, Tel. 0 58 39 19 91, Fax 05 83 49 07 66; Informationsbüro: Piazza S. Maria 35, Tel. 05 83 91 99 31; Piazzale Verdi, Tel. 05 83 44 29 40, www.luccaturist.it
Bahnverbindungen: Pisa, Florenz, in die Garfagnana.

3
Seite 58

Villa La Principessa, Via Nuova per Pisa, 1616, Massa Pisana, Tel. 05 83 37 00 37, Fax 05 83 37 91 36, www.hotelprincipessa.com Elegantes Hotel in der ehemaligen Residenz von Castruccio Castracani (14. Jh.). ○○○
▮ **Piccolo Hotel Puccini,** Via di Poggio 9, Tel. 0 58 35 54 21, Fax 0 58 35 34 87, www.hotelpuccini.com. Gepflegtes Hotel im Stadtzentrum. ○○

Buca di Sant'Antonio, Via della Cervia 1/3, Tel. 0 58 35 58 81. Ausgezeichnete Küche; So abends und Mo geschl. ○○
▮ **Antico Caffè delle Mura,** Piazzale Vittorio Emanuele 2, Tel. 05 83 46 79 62. Historisches Café auf der Stadtmauer; Di u. Mi geschl. ○○
▮ **Da Giulio,** Via Delle Conce 47, Tel. 0 58 35 59 48. Typische Küche der Westtoskana; So u. Mo geschl. ○

Jeden 3. So im Monat und Sa davor **Antiquitätenmarkt** vor dem Dom; jeweils letztes Wochenende im Monat **Kunsthandwerksmarkt** auf der Piazza San Giusto.

*Montecatini Terme ㉒

Wer hat in seiner Jugend nicht irgendwann einmal Pinocchio gelesen? C. Lorenzini, der Erfinder der sprechenden Holzpuppe, wählte als Pseudonym den Namen seines Heimatorts **Collodi.** Im **Pinocchio-Park** findet man sich in der Fantasiewelt Lorenzinis wieder (tgl. 8 Uhr bis Sonnenuntergang).

Über die Blumenstadt Pescia und das alte Burgstädtchen Buggiano Castello fährt man weiter nach Montecatini Terme (20600 Einw.), das zu Europas traditionsreichsten, nobelsten Kurbädern zählt. Schon zu Beginn des 20. Jhs. entstanden hier exklusive Thermalanlagen, von denen **Tettuccio** die bekannteste ist. Mit der Drahtseilbahn erreicht man die Piazza von **Montecatini Alto** (290 m).

APT Montecatini/Valdinievole, Viale Verdi 66/A, 51016 Montecatini Terme, Tel. 05 72 77 22 44, Fax 0 57 27 01 09, E-Mail: info@montecatini.turismo.toscana.it; Informationsbüro der Thermengesellschaft, Viale Verdi 41, Tel. 05 72 77 81, Fax 05 72 77 84 44, www.termemontecatini.it
Bahnverbindung: Florenz–Lucca.

Tettuccio, Viale Verdi 74, Montecatini, Tel. 0 57 27 80 51, Fax 0 57 27 57 11, www.italway.it/alberghi/tettuccio Stilvoll-elegantes Hotel direkt bei der gleichnamigen Thermenanlage. ○○○
▮ **Grand Hotel Vittoria,** Viale della Libertà, 2/a, 51016 Montecatini Terme, Tel. 0 57 27 92 71, Fax 05 72 91 05 20, www.hotelvittoria.it Jugendstilambiente; Beautyzentrum und kreative regionale Küche. ○○○

Klassische toskanische Landschaft

*Pistoia ㉓

Diese lebhafte Stadt (85 900 Einw.) bietet ein intaktes historisches Zentrum, gute Einkaufsmöglichkeiten und herausragende Kunstschätze.

Romanische Kirchen

Mit der kommunalen Autonomie im Jahr 1115 erlebte Pistoia eine wirtschaftliche und kulturelle Blüte, aus der die prächtigen romanischen Kirchen – ***San Bartolomeo in Pantano,** ****Sant'Andrea** mit **Kanzel von Giovanni Pisano und ****San Giovanni Fuorcivitas** – erhalten blieben.

3
Seite 58

Domplatz

Am Domplatz erhebt sich das anmutige ***Baptisterium,** 1338–1359 nach Plänen von Andrea Pisano erbaut. Im romanisch-pisanischen ****Dom San Zeno** (1108) steht in der Sankt-Jakobs-Kapelle das Hauptwerk der italienischen Schmiedekunst: der *Silberaltar. An seinen 628 Relieffiguren wurde von 1287 bis 1456 gearbeitet.

Mit dem Dom verbunden ist der ***Palazzo del Comune.** Seine mit Fresken geschmückten Säle beherbergen die Exponate des **Museo Civico** mit einer Gemäldeammlung Pistoieser Kunst bis heute (tgl. außer Mo 10–19, So/Fei 9–12.30 Uhr).

Nördlich des Palazzo gelangt man zum ***Ospedale del Ceppo.** Im 16. Jh. schuf die Della-Robbia-Werkstatt die Tondi (Rundbilder) und den Majolikafries mit den sieben Werken der Barmherzigkeit: die Nackten kleiden, die Pilger aufnehmen, den Kranken beistehen, die Gefangenen besuchen, die Toten begraben, die Hungernden speisen und die Dürstenden tränken.

San Giovanni Fuorcivitas

Auf dem Weg zurück zum Dom findet man sich auf der **Piazza della Sala**

Baptisterium am Domplatz von Pistoia

mitten in einem lebhaften Marktgeschehen wieder. Wenige Schritte geht man von dort zur reich dekorierten romanischen Kirche San Giovanni Fuorcivitas. Zu ihren Kunstwerken gehören das **Weihwasserbecken** mit den Köpfen der vier Kardinaltugenden von Giovanni Pisano und die **Kanzel** (1270) Wilhelms von Pisa.

Tipp Im **Caffè Valiani** neben der Kirche kann man unter Fresken aus dem 14. Jh. Espresso trinken: Seine Räume bildeten einst das Oratorio Sant'Antonio Abate!

Die südlich gelegene ***Chiesa del Tau** besitzt einen ausgemalten Innenraum. Der ehemalige Konvent neben der Kirche ist Sitz des **Centro di Documentazione Marino Marini** mit Werken des 1980 verstorbenen Künstlers (Di–Sa 10–13 u. 16–19, So 10–13; Winter Di–Sa 10–13, 15–18, So 10–13 Uhr).

i **APT,** Via Roma 1 (am Dom), 51100 Pistoia, Tel. 05 73 2 16 22, Fax 0 57 33 43 27, www.provincia.pistoia.it

Il Convento, Via S. Quirico 33, 51030 Santomato, Tel. 05 73 45 26 51, Fax 05 73 45 35 78. Einst Franziskanerkonvent, heute komfortables Hotel. ❍❍

San Jacopo, Via Crispi 15, Tel 05 73 277 86. Typische Küche Pratos. Freundlicher *padrone* Bruno. Reservierung zu empfehlen. Mo und Di Mittag Ruhetag. ❍

Jeden 2. So im Monat und Sa davor (außer Aug.) **Antiquitätenmarkt** in der Ex Brera (Bahnhof).

Veranstaltungen:
Anfang Juli **Luglio Pistoiese** mit Kultur und Musik, u. a. Pistoia Blues; 25. Juli **Giostra dell'Orso** (s. S. 21).

Tipp Verbilligtes Sammelticket für Museo Marini e Civico sowie Rospigliosi/Nuovo Museo Diocesano.

**Prato ㉔

(174 500 Einw.) besitzt im historischen Stadtkern, umrahmt von Mauern aus dem 14. Jh., außergewöhnliche Kunstschätze. Der wirtschaftliche Erfolg dieser Stadt beruhte schon immer auf der Textilverarbeitung. Prateser Tuche waren im 13. Jh. europaweit begehrt; bis heute gehört Prato zu den wichtigsten Textilproduzenten Italiens.

Sehenswürdigkeiten
Das **Museo del Tessuto** (Piazza del Comune; Mo, Mi, Fr 10.30–18.30, Sa bis 14.30, So 16–19 Uhr) mit seinen wertvollen Stoffen und Webstühlen sowie das größte Museum zeitgenössischer Kunst in Italien, das ***Museo Luigi Pecci** (Viale della Repubblica 277; tgl. außer Di 10–18.30 Uhr) dokumentieren die kulturelle Vielseitigkeit der

Die Außenkanzel am Dom von Prato

Stadt. Die *Außenkanzel am 1211 im Pisanisch-Luccheser Stil errichteten ****Dom** fällt ins Auge. Ihre Reliefs mit den tanzenden Putten von Donatello gehören zu den besten Arbeiten der Renaissance. Im Inneren ist ein bedeutender Freskenzyklus der Frührenaissance zu sehen: Filippo Lippi malte 1452–1466 in der Hauptchorkapelle die Szenen aus dem Leben Johannes' des Täufers (rechts) und des Kirchenpatrons Stefan (links; bis Ende 2003 in restauro, nur teilweise zu besichtigen).

Neben dem Original der Donatello-Sängerkanzel bietet das ***Dommuseum** auch Zugang zum romanisch-byzantinischen Laubengang (12. Jh.) und zur Krypta (tgl. außer Di 9.30–12.30, 15–18.30, So 9.30–12.30 Uhr).

Die **Piazza del Comune** mit der klassizistischen Fassade des **Palazzo Comunale** und dem **Palazzo Pretorio** gegenüber zieren ein Bacchusbrunnen (1659) und die Statue des Kaufmanns Francesco di Marco Datini (1330–1410). Durch die Via Cairoli gelangt man zur Kirche ***Santa Maria delle Carceri.** Sie wurde von Giuliano da Sangallo 1484–1495 in Form eines griechischen Kreuzes errichtet und ist mit ihren harmonischen Formen im In-

3
Seite 58

neren ein gelungenes Beispiel der Hochrenaissance-Architektur.

Etwas deplatziert mutet die von Friedrich II. 1248 erbaute ***Kaiserburg** an. Sie ist mit Anklängen an apulisch-staufische Burgen die einzige ihrer Art in Mittelitalien (Winter tgl. außer Di 9–13, Sommer auch 16–19 Uhr).

APT, Piazza Santa Maria delle Carceri 15, 50047 Prato, Tel. Fax 0 57 42 41 12, www.prato.turismo.toscana.it
Bahn: Florenz und Lucca.

3

Seite 58

Flora, Via Cairoli 31, Tel. 0 57 43 35 21, Fax 0 57 40 02 89, www.prathotels.it, E-Mail: hotelflora@texnet.it. Angenehmes Hotel mitten im Zentrum. ○○

Tonio, Piazza Mercatale 161, Tel. 0 57 42 12 66. Klassisches Restaurant mit delikaten Fischgerichten, So/Mo geschl. ○○–○○○

Jeden 2. So im Monat außer Juli/August bietet die **Fierucola di Prato** auf der Piazza del Comune Gelegenheit, Kunsthandwerk und Produkte von kontrolliertem biologischem Anbau zu erwerben.

Veranstaltungen: Ostern, 1. Mai, 15. Aug., 8. Sept., Weihnachten
Zurschaustellung des heiligen Gürtels mit historischem Umzug.

Artimino ㉕

Über das Dorf **Poggio a Caiano** mit seiner großartigen *Medici-Villa führt die Strecke nun durch die idyllische Hügellandschaft des Monte Albano ins mittelalterliche **Artimino** (260 m). Spektakulär liegt hier das Jagdschloss des Medici-Großherzogs Ferdinand I., *La Ferdinanda. Ein archäologisches Museum (tgl. außer Mi 9.30–12.30, So 10–12 Uhr; Nov.–März 10–12 Uhr; Tel.

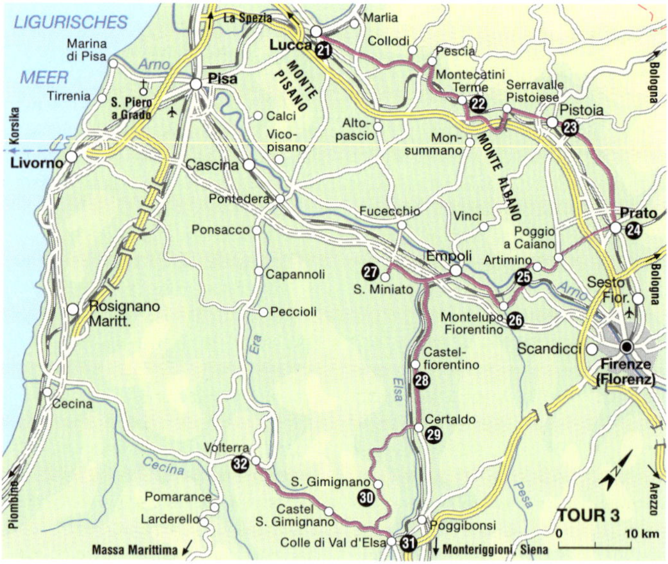

05 58 75 02 50) in der »Villa mit den hundert Kaminen« und der hervorragende DOCLG-Wein Carmignano sind weitere Attraktionen.

Hotel Paggeria Medicea, 50040 Artimino (FI), Tel. 05 58 75 14 01, Fax 05 58 75 14 70, www.artimino.com; Luxushotel mit feiner toskanischer Küche. ○○○

Montelupo Fiorentino ㉖

Das wundervolle ***Museo Archeologico e della Ceramica** im Palazzo del Podestà der Stadt mit ihren 11 200 Einw. (Di–So 10–18 Uhr; Sammelticket mit Michelangelo-Museum in Vinci und Collegiata-Museum in Empoli) bietet eine Einführung in die Produktionstechniken der bunt glasierten Keramik (Majolika) und zeigt zauberhafte Stücke von der Antike bis zu den Produkten der heimischen Werkstätten. Im Juni findet die »Festa delle Ceramiche« statt.

San Miniato ㉗

Schon von weitem sichtbar ragt das berühmte Wahrzeichen der Stadt über dem Arnotal (26 500 Einw.) in den Himmel: der **Turm Kaiser Friedrichs II.** Wegen der traumhaften *Aussicht weit über das Flusstal sollte man ihn besteigen. Unten lockt der **Prato del Duomo,** ein anmutiger, baumgesäumter Platz, der als das weltliche und geistliche Zentrum des Ortes fungiert: Dem **Amtssitz** der kaiserlichen Vikare (errichtet im 12. Jh.), die seit Kaiser Otto I. in San Miniato saßen, liegt die romanische Fassade des **Doms** gegenüber. Sein dreischiffiger Innenraum wurde im 18. und 19. Jh. umgestaltet: Die Bildhauerin Amalia Dupré

Der Turm Kaiser Friedrichs II. in San Miniato

(1845–1928) aus Florenz schuf die elegante Kanzel und mehrere Grabmale in den Seitenschiffen.

APT, Piazza del Popolo 3, 56027 San Miniato, Tel./Fax 05 71 4 27 45, www.cittadisanminiato.it

Centro Turistico San Martino, Via Cesare Battisti 70, Tel. 05 71 40 14 69, Fax 05 71 40 37 12. Modernes Hotel in antikem Klostergebäude. ○

Canapone, Piazza Buonaparte 5, Tel. 05 71 41 98 42. Typisch toskanische Küche und in der Saison Trüffeln; Mo Ruhetag. ○○

Jeden zweiten So im Monat außer August **Öko-Markt;** jeden ersten So im Monat außer im August **Antiquitätenmarkt;** den ganzen Nov. »Novembre Sanminiatese« – Musik, Kultur und Trüffel; an drei Novemberwochenenden **Weißer-Trüffel-Markt.**

3 Seite 58

Im Elsatal

Castelfiorentino ㉘

Die Alleen der SS 429 geleiten durch das Elsatal bis nach Castelfiorentino (17 050 Einw.), das auf die Gründung eines Florentiner Kastells im Jahr 1149 zurückgeht. *Fresken von Benozzo Gozzoli (1420–1497) sind in der **Biblioteca Comunale Vallesiana** zu sehen (Via Tilli 41; Mo–Fr 14.30–19.30, Sa 16–19, So u. Fei 10–12, 16–19 Uhr).

3

Seite 58

*Certaldo ㉙

Wie ein Traum aus rotem Ziegelstein scheint die Stadt (15 800 Einw.) über dem Tal zu schweben. Hier verbrachte Giovanni Boccaccio (1313–1375), der mit dem »Decamerone« eines der bedeutendsten Werke der italienischen Literatur schuf, seinen Lebensabend. An der Hauptstraße des mittelalterlichen Teils Certaldos stehen das **Haus Boccaccios,** die Kirche **San Jacopo e Filippo,** in der er begraben wurde, und der schöne ***Palazzo Pretorio.**

Tipp Der Weg ganz nach oben lohnt sich: Im Kanonikerhaus von 1200 hat sich die **Osteria del Vicario** eingerichtet (Via Rivellino 3, Tel. 05 71 66 82 28, ○○○). Ihre toskanischen Küche genießt man in einem romanischen Kreuzgang (Mi. geschl.).

**San Gimignano ㉚

Eine kurvenreiche, reizvolle Straße führt schließlich zum wichtigsten Zentrum des Elsatals, nach San Gimignano (7000 Einw.), das schon bei der Anfahrt beeindruckt: In der hügeligen Landschaft wirken die 13 noch erhaltenen der ehemals 72 mittelalterlichen Geschlechtertürme von weitem wie die Skyline Manhattans. Früher durchquerte die Frankenstraße die Stadt.

Piazza della Cisterna in San Gimignano

Der Bedeutungsverlust dieses Handelswegs führte im 14. Jh. zu einer wirtschaftlichen Krise. San Gimignano verarmte, und die Häuser aus dem 11. und 12. Jh. wurden später kaum mehr verändert. Seit der Restaurierung der Bausubstanz mit Hilfe der UNESCO entwickelte sich das Städtchen zur erstrangigen Attraktion.

Das Herz von San Gimignano schlägt auf der ***Piazza della Cisterna,** die nach dem 1273 errichteten Brunnen benannt ist. Ihre zauberhafte Atmosphäre kann man am besten frühmorgens erleben – oder spätabends, wenn man den Tag bei einem Glas Weißwein »Vernaccia di San Gimignano« ausklingen lässt. Nordwestlich wartet mit dem **Domplatz** ein weiteres Glanzstück des Ortes. An der Frontseite des 1288 fertig gestellten ***Palazzo del Popolo** öffnet sich eine der ältesten Loggien der Toskana. Einmalig in der romanisch begonnenen ***Collegiata Santa Maria Assunta** ist die »Bibel des Volkes«: Die fast vollständig erhaltenen Fresken vermitteln einen guten Eindruck von den erzählerischen Bilderzyklen des Mittelalters. Im rechten Seitenschiff finden sich Themen des Neuen, im linken Szenen des Alten Testaments von Sieneser

Malern des 14. Jhs. Der Aufstieg zur 1353 errichteten **Rocca** lohnt schon wegen des weiten *Panoramas.

Pro Loco, Piazza del Duomo 1, Tel. 05 77 94 00 08, Fax 05 77 94 09 03, www.sangimignano.com
Busverbindungen: Poggibonsi, Siena.

Leon Bianco, Piazza d. Cisterna 13, Tel. 05 77 94 12 94, Fax 05 77 94 21 23, www.leonbianco.com; am schönsten Platz der Stadt. ○○–○○○
Camping: In Santa Lucia, 1,5 km außerhalb, kleinerer Platz; kurz vor Ostern bis Mitte Oktober.

Osteria del Carcere, Via Castello 13, Tel. 05 77 94 19 05. Herzhafte Toskana-Küche in sympathischer Trattoria; Mi geschl. ○–○○

Wohntürme

Im Mittelalter gab es in praktisch allen Orten Mittelitaliens die typischen *case-torri*, Wohntürme – in San Gimignano etwa allein 72. Oft eingegliedert in ganze Häusergruppen, die über einen gemeinsamen Innenhof verfügten, bildeten sie richtige kleine Festungen, die angesichts der häufigen Kämpfe zwischen den rivalisierenden Familien auch bitter nötig waren! Je höher ein Turm war, desto mehr Prestige verkörperte er für die Familie. Ab dem 13. Jh. gewannen die Kaufleute und Zünfte durch den aufblühenden Handel an Einfluss. Sie erreichten vielerorts, dass die Türme der Adelsfamilien geschleift wurden.

Tipp Sammeltickets für alle städtischen Museen, den Palazzo Comunale mit Pinakothek und Torre Grossa; Museo Archeologico mit Galleria d'Arte Moderna und Spezeria di Santa Fina; Museo Ornitologico; gemeinsames Ticket auch für Collegiata und Museo di Arte Sacra.

*Colle di Val d'Elsa ㉛

Ein Abstecher führt von San Gimignano zu dieser reizenden kleinen Burgstadt (19 200 Einw.) auf einem Bergrücken. Schon in etruskischer Zeit wurden die Mineralvorkommen der Gegend ausgebeutet; im Mittelalter kamen die Woll- und Seidenindustrie sowie die Papierherstellung hinzu. 1478 wurde im kleinen Colle eines der ersten Buchdruckzentren Italiens gegründet. Auch die Glasindustrie ist hier beheimatet; die Region heißt denn auch das »Böhmen Italiens«.

Heute liegt das betriebsame, industrielle Colle in der Unterstadt, wodurch der ***obere Stadtteil** (Colle Alta) mit einem mittelalterlichen Teil seinen geschlossenen Charakter bewahren konnte. Man sollte einfach durch die historischen Gassen schlendern, die strengen Wohntürme, den Dom und den Domplatz sowie die zahlreichen Renaissancepalazzi bewundern und die schöne Aussicht genießen. Charakteristisch ist die überwölbte Via delle Volte.

In der Unterstadt überrascht ein moderner roter Bau. Die kühne Architektur der Filiale der **Banca Monte dei Paschi** schuf Giovanni Michelucci inmitten alter Papier- und Wollwerke.

Pro Loco, Via Campana 43, 53034 Colle di Val d'Elsa, Tel. 05 77 92 27 91, Fax 05 77 92 26 21
E-Mail: infocelle@tin.it

3
Seite 58

La Vecchia Cartiera, Via Oberdan 5/9, Tel. 05 77 92 11 07, Fax 05 77 92 36 88, www.chiantiturismo.it. Hotel in einem Papierwerk des 13. Jhs. ❍–❍❍

Arnolfo, Via XX Settembre 50/52, Tel. 05 77 92 05 49. Für höchste Ansprüche; Di u. Mi geschl. ❍❍❍

L'Antica Trattoria, Piazza Arnolfo 23, Tel. 05 77 92 37 47. Spitzenrestaurant; Di geschl. ❍❍❍

3

Seite 58

**Volterra ㉜

Die Landschaft entlang der Straße nach Volterra (11 550 Einw.) bezaubert durch herbe Schönheit. Der Hügel des Städtchens dominiert die Flusstäler der Cecina und der Era. Diese strategisch günstige Lage erkannten die Etrusker (s. S. 67) und legten hier eine ihrer bedeutendsten Städte an: *Velethri.* Ein Besuch des noch mittelalterlich geprägten Volterra lohnt sich auch wegen der Betriebe, die die Kunst der Alabasterverarbeitung beherrschen.

Die ***Piazza dei Priori** besticht durch ihre Strenge. Der **Palazzo dei Priori** ist der älteste Kommunalpalast der Toskana (1208 bis 1254); er diente als Modell für den Palazzo Vecchio in Florenz. Sehenswert sind das Vestibül mit den Wappen der Podestà und die Prunkräume im ersten Stock.

Wenige Schritte geht man von der Piazza dei Priori zum romanischen ****Dom Santa Maria Assunta.** Der dreischiffige Innenraum verlor seinen romanischen Charakter im 16. Jh., als man die Kassettendecke einzog. Ein Meisterwerk romanischer Holzbildhauerei ist mit eindringlicher Gestik die »Kreuzabnahme« im rechten Querschiff aus dem 13. Jh. Die Reliefs der Kanzel sind sehr reizvoll.

Über 600 Graburnen beherbergt das ****Museo Etrusco Guarnacci** (im Winter 9–13.45 Uhr, 16. März bis Anf. Nov. 9–19 Uhr). Die berühmte Urne des Ehepaars *(Urna degli sposi)* zeigt, zu welchem Realismus etruskische Künstler in späterer Zeit fanden. Eine 60 cm hohe Bronzestatue erhielt von D'Annunzio den poetischen Namen »Abendschatten«.

Dominiert wird Volterra von der **Fortezza,** einer großartigen Renaissance-Festung. Ganz oben auf dem Hügel, im **Archäologischen Park,** kann man sich ins Gras legen und entspannen.

Pro Loco, Via Giusto Turazza 2, 56048 Volterra, Tel. 05 88 8 61 50, Fax 0 58 89 03 50, www.provolterra.it

Bahnverbindung: in Saline di Volterra nach Pisa.

Busverbindungen: nach Pisa, San Gimignano und Siena.

Hotel San Lino, Via S. Lino 26, Tel. 0 58 88 52 50, Fax 0 58 88 06 20, www.hotelsanlino.com. Sehr komfortables Hotel in den Gebäuden eines ehemaligen Konvents. ❍–❍❍

Etruria, Piazza dei Priori 6/8, Tel. 0 58 88 60 64. Wildspezialitäten in einem alten Palast; Mi Ruhetag. ❍❍

Beppino, Via delle Prigioni 15/19. Toskanische Hausmannskost. ❍

Veranstaltungen:

April–Juni **Primavera Musicale Volterrana; Samstagskonzerte** im Teatro Persio Flacco.

Tipp Sammelticket für Pinakothek im Palazzo Minucci Solaini, Museo Etrusco, Museo di Arte Sacra (Winter 9–13, Sommer 9–13, 15–18 Uhr).

Tour 4

Roter Chianti & ein ruhender Vulkan

Florenz → Greve in Chianti → Radda in Chianti → **Siena → Montalcino → *Pienza → Montepulciano → *Chiusi → Monte Amiata (350 km)

Von Florenz führt die Via Chiantigiana quer durch die herbe Landschaft der Chianti-Region bis zu der Stadt mit dem »schönsten Platz der Welt«, Siena. Hier übernimmt die antike Via Cassia: Berühmte Weinorte und Klöster liegen am Weg. Über die Idealstadt Pienza gelangt man zum vulkanischen Monte Amiata, einem waldreichen Wandergebiet.

Greve in Chianti ㉝

Verlässt man Florenz auf der SS 222 in südlicher Richtung, stößt man mitten hinein in die Landschaft des Chianti. Bald schon begleiten Zypressenalleen und Renaissancevillen in den Hügeln links und rechts die Fahrt. Greve (13 100 Einw.) ist das erste der reizvollen Chianti-Städtchen. Hier hat man bereits die Qual der Wahl: Bevorzugt man die hervorragenden Weine des Castello di Vicchiomaggio (kurz hinter Strada in Chianti; Verkaufsraum im alten Bauernhaus direkt an der SS 222) oder die Mona-Lisa-Weine? Die von Leonardo verewigte Schönheit wurde in der **Villa di Vignamaggio** geboren (Richtung Lámole). Der Riserva-Wein der Fattoria trägt ihren Namen. Greve besitzt eine schöne asymmetrische ***Piazza** mit Laubengängen – und viele kleine Weinhandlungen.

Viele kleine Weinhandlungen gibt es in Greve in Chianti

APT, Via G. da Verrazzano 37, 50022 Greve in Chianti, Tel. 05 58 54 62 87, Fax 05 58 54 42 40, www.chiantiechianti.it, www.greve-in-chianti.com

Giovanni da Verrazzano, Piazza Matteotti 28, Tel. 05 585 31 89, Fax 05 585 36 48, www.verrazzano.it Am Hauptplatz. ○○

Erste Septemberhälfte **Mostra Mercato Chianti Classico,** Weinverkaufsmesse.

Tipp In Hotels, Restaurants und Reisebüros erhält man die »Chianti News«, Infos über Restaurants, Hotels, Feste und Einkaufsmöglichkeiten; www.chiantinews.it

Radda in Chianti ㉞

Im Zentrum der Chianti-Hügel liegt das mittelalterliche Radda. Das Ensemble macht den Reiz des Städtchens aus. In der »Fattoria Vignale« am Ortsausgang wurde 1924 der Winzerverband »Consorzio del Marchio Storico« gegründet. Der schwarze Hahn ist das Symbol der Chianti-Liga, die seit 1415 ihren Sitz in Radda hat.

4
Seite 70

Echter Chianti enthält einen kleinen Anteil weißer Trauben

4

Seite 70

Exklusive Tropfen produziert bei Radda die Fattoria **Badia a Coltibuono** bei der Abteikirche.

Etwas südlicher liegt in waldreicher Gegend das **Castello di Brolio,** Stammsitz der Familie Ricasoli (tgl. 9–12, 15–18 Uhr; im Winter Fr geschl.; Tel. 05 77 74 71 04). Hier regierte im 19. Jh. der Vater des modernen Chianti, Bettino Ricasoli (1809–1890), der erste Premierminister des Königreichs Italien. Seine Mischung aus roten und weißen Traubensorten – die Chianti-Tradition verlangt einen Anteil an weißen Trauben von 2 bis 5 % – wurde zum klassischen Chianti!

**Siena ㉟

(54 350 Einw.) und die Piazza del Campo, der »schönste Platz der Welt«, wie nicht nur die Sieneser sagen, gehören untrennbar zusammen: Hier schlägt das Herz der Stadt – nicht nur beim Palio, dem historischen Pferderennen der Stadtviertel. Am besten setzt man sich hier in ein Café und lässt die Atmosphäre auf sich wirken.

Geschichte

Seine wirtschaftliche Entwicklung verdankt auch Siena der Lage an der Frankenstraße. Der Aufschwung im Handel erlaubte die Bildung einer freien Kommune und die Errichtung der einzigartigen gotischen Bauwerke, die das Stadtbild prägen. Die Expansionspolitik Sienas brachte die kaisertreue Stadt in Konflikt mit dem papsttreuen Florenz. Die Pest von 1348 schwächte die Stadt. Nach einer letzten Blüte zur Zeit der Renaissance setzte Kaiser Karl V. mit Hilfe von Cosimo I. im Jahr 1555 der Selbstständigkeit des kleinen Stadtstaates ein Ende.

***Piazza del Campo

Auf der Piazza del Campo aus dem 14. Jh. beginnt in Siena der Stadtrundgang. Die Geschlossenheit des Ensembles rund um den Platz nimmt sofort gefangen.

An der tiefsten Stelle des Campo wurde von 1297 bis 1342 das zinnengekrönte Rathaus, der ****Palazzo Pubblico,** errichtet. Im backsteinernen Obergeschoss weist er die typischen Sieneser Fenster auf: Drei gotische Bogen (Triforien) werden von einem weiteren spitzen Bogen eingefasst. Der Aufgang zur **Torre del Mangia,** die mit ihren 102 m Höhe den Stolz der Bauherren verkörpert, liegt im Innern des Palazzo Pubblico – ebenso wie der Zugang zum **Museo Civico.** Hier sollte man im letzten Raum einen Blick auf den ersten profanen Freskenzyklus, »Die gute und schlechte Regierung« von Ambrogio Lorenzetti, werfen. Den Einwohnern wurde hier vor Augen geführt, welch negative Auswirkungen eine Tyrannei hat und wie segensreich die Neunerregierung für Stadt und Umland war. (Turm: Mitte März–Okt. tgl. 10–19, Nov.–Mitte März 10–16 Uhr; Museum: Mitte März–Okt. 10–19, Nov.–Mitte März 10–18.30 Uhr).

Oberhalb der Piazza, an der **Croce di Travaglio,** treffen drei belebte Flanierstraßen Sienas, die Via Banchi di Sopra, die Via Banchi di Sotto und die Via di Città, zusammen. Hier findet am Abend der *corso* statt: Man flaniert die Straßen entlang, trifft gute Bekannte, unterhält sich, spaziert weiter.

Liebhaber von Süßem und alten Geschäften werfen einen Blick in die **Antica Drogheria Manganelli** (Via di Città 73). Seit 1879 erhält man hier *panforte,* eine schwere, trockene Torte mit Mandeln, kandierten Früchten und Gewürzen.

Tipp Einen neuen Blick auf die Altstadt gewährt die Terrasse des 1999 als Centro für zeitgenössische Kunst eröffneten **Palazzo delle Papesse** – und erst der 360°-Blick vom Altan! (Via di Città 126; Di–So 12 bis 18.30 Uhr; www. papesse.org)

*Neuer Dom

Welch ein gewaltiges Projekt! 1339 begonnen, sollte er den alten Dom als Querschiff (!) in sich aufnehmen. Dieses gigantische Unterfangen war in Konkurrenz zum Florentiner Dom geplant, musste jedoch wegen der Folgen der Pestepidemie von 1348 aufgegeben werden.

*Dombaumuseum

WHeute beherbergen die drei fertig gestellten Seitenschiffjoche ein sehenswertes Dombaumuseum. Schon allein Duccios »Maestà« oder die Aussichtsterrasse hoch oben über der Stadt lohnen den Besuch (tgl. Nov.–Mitte März 9–13.30, sonst 9–19.30, Okt. 9–18 Uhr).

Das Ereignis in Siena – der Palio delle Contrade, der Reiterwettkampf der 17 Stadtviertel

***Dom Santa Maria

Der Grundstein wurde Ende des 12. Jhs. gelegt; Mitte des 14. Jhs. war er vollendet. Die von Giovanni Pisano 1284 begonnene, reich mit Skulpturen dekorierte **Fassade** verwirklichte als erste in Italien ein einheitliches Bildprogramm. Selbst der **Fußboden** verdient in dieser Kirche Aufmerksamkeit: An den 56 »Gemälden« wurde über 100 Jahre gearbeitet. Ein prächtiger Freskenzyklus von Pinturicchio erwartet den Besucher in einem der schönsten Renaissanceräume, der **Libreria Piccolomini** (Zugang im linken Seitenschiff). Die Malereien stellen Szenen aus dem Leben des Piccolomini-Papstes Pius II. dar.

Piazza Salimbeni

Entlang der Via Banchi di Sopra erreicht man die harmonische Piazza Salimbeni mit imposanten Palästen. Der **Palazzo Salimbeni** in der Mitte ist als Sitz des »Monte dei Paschi«, des ältesten Bankhauses der Welt (1624), berühmt. Hier beginnt die Via Sapienza, an deren Ende sich der Ziegelsteinbau der Ordenskirche **San Domenico** erhebt. Hier ruht in einer Kapelle mit Fresken von Sodoma das Haupt der hl. Katherina (1347 bis 1380), der Schutzpatronin Italiens.

4
Seite 70

Tipp Von dort kann man zur **Festung Santa Barbara** weiterspazieren, die 1560 von dem Medici Cosimo I. nach der Eroberung der Stadt errichtet wurde. Nicht nur der hübsche Park, sondern vor allem die **Enoteca Italiana,** in der man Spitzenweine aus ganz Italien kosten (und kaufen) kann, verwöhnen den Besucher (Di–Sa 12 bis 1 Uhr, Mo 12–20 Uhr; So geschl.).

APT, Via di Città 43, 53100 Siena, Tel. 0 57 74 22 09, Fax 05 77 28 10 41, www.terresiena.it; Büro: Piazza del Campo 56, Tel. 05 77 28 05 51, Fax 05 77 27 06 76; Hotelreservierungen: Siena Hotels Promotion, Piazza Madre Teresa di Calcutta 5, Tel. 05 77 28 80 84, Fax 05 77 28 02 90, www.hotelsiena.com

Bahnverbindungen: über Empoli nach Florenz und Pisa, nach Chiusi und Grosseto sowie in die Umgebung.

4

Seite 70

Hotel Certosa di Maggiano, Via Certosa 82, Tel. 05 77 28 81 80, Fax 05 77 28 81 89, www. certosadimaggiano.it
Außerhalb gelegen, ältestes Kartäuserkloster der Toskana von 1314, mit Restaurant. ❍❍❍

- **Chiusarelli,** Via Curtatone 15, Tel. 05 77 28 05 62, Fax 05 77 27 11 77, www.chiusarelli.com. Zentral gelegen, schöne Terrasse mit Aussicht. ❍❍

Camping: Strada di Scacciapensieri 47, Tel. 05 77 28 00 44. Ende März bis Mitte Nov., ein schattiger städtischer Campingplatz, preisgünstig.

Osteria Le Logge, Via del Porrione 33, Tel. 0 57 74 80 13. Beste Sieneser Küche in einem ehemaligen Lebensmittelladen des 19. Jhs.; So geschl. ❍❍–❍❍❍

- **Papei,** Piazza del Mercato 6. Gute Hausmannskost, Mo geschl. ❍

Veranstaltungen: Mi **Markt** am Platz La Lizza; Juni bis Ende August **Sieneser Musikwochen** mit Klassik- und Jazzkonzerten sowie Sommerkursen.

Tipp Sammeleintrittskarte für Libreria Piccolomini, Baptisterium und Dombaumuseum, Ospedale S. Maria della Scala, Palazzo delle Papesse, im Sommer auch Oratorio San Bernardino und Sant'Agostino.

Südlich von Siena

Man verlässt Siena auf der antiken Via Cassia, die hier dem Lauf des Torrente Arbia folgt. Am Zufluss des Ombrone erreicht man Buonconvento. Der Ort ist noch vollständig von einer Stadtmauer umgeben und hat sich seinen mittelalterlichen Charakter bewahrt.

Von dort taucht man in die einsame Gegend des **Monte Oliveto Maggiore** ein. Auf dem waldreichen Hügel gründeten 1313 drei Sieneser Adelige ein **Benediktinerkloster.** Ein kunstvoller Kreuzgang ist zu besichtigen: Farbenpracht, Detailgenauigkeit und die Landschaften im Bildhintergrund verleihen den *Fresken von Sodoma und Luca Signorelli ihren Reiz.

Montalcino ㊱

(5100 Einw.) liegt malerisch an einem Hügel über den Tälern des Ombrone und Asso. Wie auf einer Insel fühlt man sich, wenn schwere Nebelschwaden den Blick ins Tal verstellen und man nur weit entfernt »Inselhügel« aus dem Dunstmeer ragen sieht.

Weinliebhaber machen den Abstecher: Der Brunello di Montalcino

(s. S. 24) zählt zu den Spitzenweinen Italiens, und auch der Rosso di Montalcino ist nicht zu verachten.

Die Aussicht vom Wehrgang der **Rocca** sollte man genießen, bevor man in der Weinprobierstube der Festung (deftige toskanische Brotzeiten) einkehrt (April–Okt. 9–20 Uhr, Nov. bis März Di–So 9–18 Uhr).

Ufficio Turistico Comunale, Costa del Municipio 1, 53024 Montalcino, Tel./Fax 05 77 84 93 31; www. prolocomontalcino.it
E-Mail: info@prolocomontalcino.it

Il Giglio, Via Soccorso Saloni 5, Tel. 05 77 84 81 67, E-Mail: hotelgiglio@tin.it. Altes Haus im Zentrum mit Restaurant. ❍–❍❍

Trattoria Sciame, Via Ricasoli 9, Tel. 05 77 84 80 17. Gute toskanische Würste; Di Ruhetag. ❍

*Kloster Sant' Antimo ㊲

Alte Weingüter wie die **Villa Greppo** und die **Fattoria Barbi** liegen am Weg nach **Castelnuovo dell'Abate,** wo man

Die Etrusker

Im 9. Jh. v. Chr. waren sie da, das ist gewiss. Woher sie aber kamen, weiß bis heute niemand so genau zu sagen.

Ab dem 7. Jh. gründeten die Etrusker in Mittelitalien die ersten Städte wie Volterra, Chiusi, Perugia und Orvieto. Der Handel mit dem Orient und vor allem mit den Griechen Süditaliens bildete die wirtschaftliche Basis für den Aufstieg dieses Volkes. Von den Griechen übernahmen die Etrusker nicht nur Luxusgüter, Keramikformen und die Angewohnheit, im Liegen zu speisen, sondern auch die Schrift, die übrigens von rechts nach links gelesen wird. An Grabinschriften kann man noch Entzifferungsversuche unternehmen.

Ab dem 5./4. Jh. ahmten einheimische Werkstätten verstärkt die Waren und Motive griechischer Künstler nach. Einzig die schwarzgrauen Bucchero-Vasen sind ein Originalerzeugnis etruskischer Handwerker. Mit ihrem Reliefdekor galten sie als das »Silber der Armen«.

Die zunächst weitgehend homogene Gesellschaft – in der Sklaven stets eine wichtige Rolle spielten – gliederte sich ab dem 4. Jh. v. Chr. zunehmend auf. Adelsfamilien, die ihre Mitglieder nun in Familiengrabkammern *(ipogei)* beisetzten und sich in farbenprächtigen Wandmalereien bei Banketten mit Musik und Tanz verherrlichen ließen, beherrschten die aufbegehrende Mittel- und Unterschicht.

Ab dem 3. Jh. v. Chr. nutzte Rom innere Zwistigkeiten und die nur lose Organisation der etruskischen Städte untereinander: Etrurien wurde dem Imperium einverleibt. Den Brauch, mittels der Beobachtung des Vogelfluges die Zukunft wahrzusagen, übernahmen die Römer von den Etruskern, die das Verschwinden ihres Volkes jedoch nicht vorhergesehen hatten.

4
Seite 70

das Kloster Sant' Antimo (318 m) erreicht. Laut Legende wurde es von Karl dem Großen gegründet. Die romanische Kirche ist eine der schönsten der Toskana – das Sonnenlicht lässt den Travertinstein der Außenmauern blinken. Reich ist der Skulpturenschmuck des Eingangsportals, der Apsiden und der Säulenkapitelle.

San Quirico d'Orcia

(2500 Einw.) fordert zu einem Vergleich mit dem romanischen Skulpturenschmuck seiner **Collegiata** heraus.

4

Seite 70

*Pienza 38

Weiter geht es über die SS 146. In Pienza (2250 Einw.) wird der berühmte toskanische Schafskäse *pecorino* hergestellt. Auch diese Stadt wurde auf einem Hügel erbaut.

Seine Vision von einer Idealstadt setzte hier der 1405 in Pienza geborene Piccolomini-Papst Pius II. zusammen mit seinem Architekten Bernardo Rossellino um. Aus dem Kastell Corsignano wurde die Renaissancestadt Pienza. Die ***Piazza Pio II** dokumentiert die Großartigkeit des Projekts, das durch den Tod von Papst und Architekt 1464 nicht mehr auf die ganze Stadt ausgedehnt wurde. Die Fassaden des **Palazzo Piccolomini,** der **Kathedrale,** des **Bischofspalastes** und des **Palazzo Pubblico** bilden ein elegantes Renaissance-Ensemble.

Crete

ist die Bezeichnung für die durch Erosion entstandenen Lehmschluchten, die das Landschaftsbild südlich von Siena bestimmen. Nach einem trockenen Sommer wirken sie fast wüstenhaft. Den Besucher aus dem Norden mögen sie durch ihre Fremdheit bezaubern; die Einheimischen denken jedoch eher an die Probleme, die die Erosion der Landwirtschaft bereitet. In großen Ringen legen sich die Furchen der Felder im Herbst um die Hügel – waagerechtes Pflügen schützt den Boden besser vor Abtragung.

Tipp *Pici* ist die Spezialität der Gegend: Ein Teig aus Wasser und Mehl wird geknetet und in feine Fäden gezogen. Diese Nudeln schmecken *al ragu,* mit Fleischsoße.

Buca delle Fate, Corso Rossellino 38a, Tel. 05 78 74 82 72. Hervorragende, einfache Küche im Palazzo Gonzaga des 16. Jhs., Mo geschl. ○○

▪ **Latte di Luna,** Via San Carlo 2–4, Tel. 05 78 74 86 06. Hausgemachte Nudeln und Wild, Di geschl. ○○–○○○

Am 1. Septembersonntag **Fiera del Cacio:** Schafskäsemarkt.

Montepulciano 39

Majestätisch grüßt am Ausgang einer Zypressenallee die formvollendete Renaissancekirche **San Biagio** von Antonio da Sangallo d. Ä. die Besucher Montepulcianos (13 900 Einw.). Nicht umsonst gehört es zu den Touristenhochburgen der Toskana: In der »Perle des 16. Jhs.« warten herrliche Renaissancepaläste und ein großartiger Wein, der Vino Nobile di Montepulciano. »Degustazione libera« (freies Kosten) lautet die Zauberformel des Ortes. An jeder Ecke trifft man auf

Reminiszenz an die Hallenkirchen in der Kathedrale von Pienza

4

Seite 70

Weinprobierstuben und Weinkeller wie die »Cantina del Redi«. Es macht richtig Spaß, durch deren kühlen Gemäuer zu wandern, die Antonio da Sangallo d. Ä. im 15. Jh. errichtete.

Ufficio Turistico Comunale, Via di Gracciano nel Corso 59/A, 53045 Montepulciano, Tel./Fax 05 78 75 73 41, www.prolocomontepulciano.it

Veranstaltung: Juli bis erste Augustwoche **»Cantiere internazionale d'Arte«** – die Moderne hält jedes Jahr mit der Kunstbaustelle des Komponisten Hans Werner Henze Einzug.

*Chiusi ㊵

Hinter dem Thermalbad **Chianciano Terme** (7200 Einw.) erstreckt sich das Tuffplateau von Chiusi (8600 Einw.) inmitten von Oliven und Weingütern. Die Etrusker wählten die strategisch günstige Position auf dem Hügel zwischen Arno- und Tibertal für die mächtigste ihrer Städte. Erst am Anfang des 3. Jhs. v. Chr. geriet auch Chiusi in römische Abhängigkeit.

Dom

Die schönen Säulen des dreischiffigen Inneren des Doms stammen aus römischen Bauten, die Mosaike vortäuschende Bemalung aus den Jahren 1887–1894. Vom **Museo della Cattedrale** spaziert man durch den Untergrund von Chiusi: Kanäle aus etruskischer Zeit durchziehen den Tuff (Mitte Okt. bis April tgl. 9.30–12.30, So/Fei auch 15.30–18.30 Uhr; im Sommer tgl. 9.30 bis 12.30, 15.30–18.30/19 Uhr).

**Museo Nazionale Etrusco

Seine Thronurnen machten das etruskische Nationalmuseum berühmt (bis März 2003 geschl.; Führungen zu den Gräbern tgl. 8–20 Uhr). Ab dem 7. Jh. v. Chr. wurden die Urnen auf einen verzierten »Thron« gesetzt und ihre Deckel als Porträts ausgestaltet. Dazu sieht man das »Silber der Armen«: schwarz-graue Tongefäße (»Bucchero«) mit Reliefdekor. Nicht jeder konnte sich Metallvasen leisten.

Einmaliges bietet die riesige ***Nekropole** von Chiusi. Im Gegensatz zu anderen toskanischen Gräbern blieben hier Reste der etruskischen Malereien und der Ausstattung erhalten.

Pro Loco, Piazza Duomo 1, 53043 Chiusi, Tel./Fax 05 78 22 76 67; E-Mail: prolocochiusi@bcc.tin.it
Bahnverbindungen: nach Siena, Florenz, Rom.

La Fattoria, Lago di Chiusi, Tel. 0 57 82 14 07, Fax 0 57 82 06 44; www.la-fattoria.it. In der Nähe der Gräber beim See gelegen, gute Küche (Seefisch). ○○
Camping: Gehört zum Hotel.

4

Seite 70

Monte Amiata

Die Landschaft der südlichen Toskana wird vom Monte Amiata (1738 m), einem gewaltigen erloschenen Vulkan, dominiert. Die Vegetationszonen reichen von Getreidefeldern, Weinreben und Olivenhainen über dichte Kastanienwälder bis hinauf zu Buchenhainen. Eine gut ausgebaute Straße führt zum Gipfel, im Winter ein beliebtes Skigebiet. Von seiner schönsten Seite zeigt sich der Amiata im Herbst, wenn das Laub farbenprächtig leuchtet! Die gekennzeichneten Wege des »Amiata Trekking« erschließen die einzelnen Zonen sehr gut; auf insgesamt 28 km wandert man zwischen 1050 und 1250 m Höhe.

Auch eine Rundfahrt um den Berg mit dem Auto durch die mittelalterlich geprägten Städtchen belohnt mit wundervollen Ausblicken weit in die toskanische Landschaft hinein. Die schönsten Orte sind **Abbadia San Salvatore, Santa Fiora, Arcidosso** und **Castel del Piano.**

TOUREN 4, 5 UND 6
0
20 km
N
Ravenna
Parco Nazionale d. Foreste Casentenesi-Monte Falterona Campigna
Bibbiena
Urbino
Fossombrone
Fano
Urbania
Metauro
APPENINO UMBRO MARCHIGIANO
Marken
Arno
Sansepolcro
Pergola
Cagli
Arcevia
Arezzo
41
Città di Castello
Sasso-ferrato
Parco Natur. Regionale del Monte Cucco
Chiascio
Castiglion Fiorentino
Gubbio
46
Fabriano
Ancona
Savino
42
Cortona
Umbertide
Gualdo Tadino
Passignano sul Trasimeno
Tevere
Lago Trasimeno
Magione
Castiglione del Lago
43
Perugia
45
M. Pennino
1571
39
47
Assisi
Parco Region. d. Monte Subasio
Chiusi
40
S. Maria degli Angeli
Città d. Pieve
44
Tavernelle
Spello
48
Foligno
Marsciano
Trevi
49
S. Casciano
Umbrien
Todi
51
M. Martano
1094
Nera
Lago di Corbara
Orvieto
52
50
Spoleto
Acquasparta
53
Bolsena
Parco Fluviale del Nera
Lago di Bolsena
Tevere
Amelia
Terni
Montefiascone
54
Narni
Marta
Orte
Nera
Latium
Viterbo
55
Rieti
L'Aquila
Rom
4
5
6

Tour 5

Von der Toskana nach Umbrien

***Arezzo → *Cortona → *Lago Trasimeno → *Castiglione del Lago → Città della Pieve → **Perugia → **Gubbio (155 km)**

Der Übergang von der Toskana nach Umbrien vollzieht sich kaum merklich. Es ist dieselbe sanfte Hügellandschaft, auch die vom Mittelalter geprägte Stadtkultur findet sich sowohl in Arezzo und Cortona als auch in Perugia und Gubbio. Die bedeutenden Renaissancekünstler dieser Region – Piero della Francesca aus Sansepolcro, Luca Signorelli aus Cortona, Perugino aus Città della Pieve oder Pinturicchio aus Perugia – malten ohnedies »grenzübergreifend«. Als Ergänzung zur Kunst findet man am Lago Trasimeno und in den wildromantischen Gebirgszügen rund um Gubbio vielfältige Sport- und Freizeitmöglichkeiten.

5

Seite 70

*Arezzo ㊶

(92 300 Einw.) ist der Ausgangspunkt. Ein Spaziergang durch die Altstadt hinauf zu Dom und Stadtpark hält anmutige Ecken bereit – nicht zuletzt die Kunst Piero della Francescas, für viele der Hauptgrund ihrer Reise hierher. All dies verbindet sich in Arezzo mit der Atmosphäre charmanter Urbanität. Man erschließt sich die Stadt von »unten nach oben«: Der **Corso Italia,** die Einkaufs- und Flanierstraße, führte um 1200 als wichtigste Ader nach Norden zum geistig-politischen Zentrum.

San Domenico birgt wunderbare Fresken aus dem 14. Jh.

Sehenswürdigkeiten

Wenige Schritte vom Corso entfernt steht ****San Francesco.** Berühmt ist die Bettelordenskirche aus dem 13. Jh. für ihre **Fresken in der Chorkapelle von Piero della Francesca. Der 1415 geborene Künstler ist einr der großen Maler seiner Epoche. Hier ist die »Legende vom Kreuz Christi« zu sehen. Im Mittelpunkt steht der Traum des römischen Kaisers Konstantin, der ihm den Sieg über den Rivalen Maxentius prophezeite, falls er in der Schlacht das heilige Kreuz mit sich führe (Reservierung Tel. 0 57 52 40 01). Im **Museo Archeologico** beim römischen Amphitheater sind die korallenfarbenen *vasi aretini* zu sehen (tgl. 8.30–19.30).

Tipp Das elegante **Caffè dei Costanti** gegenüber der Kirche.

Weiter am Corso erreicht man die romanische ****Pieve di Santa Maria.** Ihre Fassade fällt ins Auge: Unten dienen fünf Blendarkaden als Verzierung, oben drei Galerien, deren Säulenzahl von zwölf über 24 auf 32 anwächst. Der »Campanile der 100 Löcher« (tatsächlich sind es nur 80) beeindruckt nicht minder. Mittelalterliche Läden säumen den Weg rechts zur ***Piazza Grande,** dem Stadtzentrum

Zentrum des städtischen Lebens von Arezzo ist die Piazza Grande

seit dem 13. Jh. und Schauplatz der »Giostra del Saracino«, eines historischen Ritterturniers (s. S. 20 f.). Trotz der stilistisch uneinheitlichen Bauten wirkt der Platz als grandiose Einheit. Den mächtigen **Palazzo delle Logge** entwarf Giorgio Vasari.

Am Stadtpark kann man unter schattigen Bäumen verschnaufen, bevor man den gotischen ***Dom San Donato** und seine prächtigen *Fenster besichtigt. Der Franzose Guillaume de Marcillat schuf sie 1518–1524. Einen Piero hat auch dieser Dom aufzuweisen; das *Magdalenafresko neben der Sakristeitür ist wenig besucht, man kann es sich meist in Ruhe ansehen.

Vorbei an der gotischen Bettelordenskirche ***San Domenico** (1275) mit ihren wunderbaren gotischen Fresken trifft man erneut auf Vasari: Dieser kaufte 1540 in seiner Geburtsstadt die ***Casa di Giorgio Vasari.** Eigenhändig dekorierte der Künstler einige Räume im manieristischen Stil seiner Zeit mit mythologischen Szenen (Mo, Mi–Sa 9–18.30, So 9–12.30 Uhr; Eintritt frei).

Tipp Am ersten Wochenende im Monat größter **Antiquitätenmarkt** der Toskana, der sich im gesamten Altstadtgebiet ausbreitet.

APT, Piazza Risorgimento 116, 52100 Arezzo, Tel. 0 57 52 39 52, Fax 0 57 52 80 42, www.turismo.provincia.arezzo.it; Informationsbüro Piazza della Repubblica 28, Tel. 05 75 37 76 78.

Minerva, Via Fiorentina 4, Tel. 05 75 37 03 90, Fax 05 75 30 24 15, www.hotel-minerva.it Außerhalb der Stadtmauer, gutes Restaurant. ○○○

La Lancia d'Oro, Piazza Grande, Tel. 0 57 52 10 33. Am Hauptplatz unter den Loggien Vasaris, gute aretinische Küche; So abend und Mo geschl. ○○–○○○

La Torre di Gnicche, Piaggia San Martino 8, Tel. 05 75 35 20 35. Sympathische Enothek, auch mit guten Grappe und interessanten Gerichten der Gegend; Mi geschl. ○

Arezzo ist das bedeutendste Zentrum für Goldverarbeitung in Italien. Die **Schmuckläden** und ihre Auslagen entlang des Corso Italia sind eine Augenweide. An der Piazza Grande findet man in urigen Läden schöne **Antiquitäten,** nicht nur samstags, wenn Markt ist.

5
Seite 70

*Cortona ㊷

Durch das fruchtbare Chianatal fährt man nach Cortona (22 500 Einw.), das im 7. Jh. v. Chr. von den Etruskern gegründet wurde. Aus dieser Epoche stammt der 16 Kerzen tragende *Bronzeleuchter, der fast 60 kg wiegt; zu sehen im ***Museo dell'Accademia Etrusca** (Palazzo Pretorio; tgl. außer Mo 10–17, April–Okt. bis 19 Uhr).

An der zentralen **Piazza della Repubblica** kann man den zinnenbewehrten Turm des **Palazzo Comunale** bewundern. Von dort spaziert man zur **Piazza della Pescaia** im pittoresken oberen Stadtteil und bis ganz nach oben zur Kirche **Santa Margherita.**

Ein berühmter Sohn der Stadt ist der Maler Luca Signorelli (geb. 1445), dessen Werke das **Museo Diocesano** zeigt; Di–So 9.30–13, 15.30–19 Uhr, Okt. 10–13, 15.30–18 Uhr, Winterzeit bis März 10–13, 15 bis 17 Uhr).

5

Seite 70

APT, Via Nazionale 42, 52044 Cortona, Tel. 05 75 63 03 52; E-Mail: info@cortonantiquana.com

San Luca, Piazza Garibaldi 2, Tel. 05 75 63 04 60, Fax 05 75 63 01 05, www.sanlucacortona.com; herrliche Lage; mit Restaurant Tonino. ○○

Loggetta, Piazza Pescheria 3. Toskanische Küche in einem Palast aus dem 16. Jh. ○○

La Grotta, Piazzetta Baldelli 3, Tel. 05 75 63 02 71. Typisches kleines Familienlokal; Di Ruhetag. ○

*Lago Trasimeno

Der mit 128 km² viertgrößte See Italiens liegt schon in Umbrien. Silbriggrün schimmert das Wasser. Sonne,

Der Lago Trasimeno ist nur bis zu 6 m tief, aber sehr fischreich

Strände und mittelalterlich anmutende Ferienorte laden zum Segeln und Baden. Zu den Inseln des Sees, den **Isole Maggiore** und **Minore,** sowie zur **Isola Polvese** setzen von Passignano sul Trasimeno, Tuoro und San Feliciano aus Ausflugsschiffe über.

Auf einer Landzunge liegt inmitten von Olivenhainen das meistbesuchte Urlaubsstädtchen am Lago Trasimeno: ***Castiglione del Lago** ㊸ (304 m; 14 100 Einw.), das noch ganz von mittelalterlichen Stadtmauern umgeben ist. Die Kirche Santa Maria Maddalena und der stattliche Spätrenaissancebau des *Palazzo Ducale vor dem Kastell aus dem 13. Jh. (April–Okt. 10–13, ca. 16–19.30 Uhr, Nov.–März Sa u. So 9.30–16.30 Uhr; Tel. 07 59 65 82 10; Führer auf Deutsch erhältlich) begrenzen seine hübsche kleine Altstadt.

APT Trasimeno, Piazza Mazzini 10, 06061 Castiglione del Lago, Tel. 07 59 65 24 84, Fax 0 75 99 65 27 63; www.umbria2000.it

Miralago, Piazza Mazzini 6, Tel. 0 75 95 11 57, Fax 0 75 95 19 24, www.hotelmiralago.com; Hotel in der Altstadt mit schönem Seeblick. ○○

La Cantina, Via Vittorio Emanuele 93, Tel. 07 59 65 24 63. Restaurant und Pizzeria; Garten, Seeblick. ○○

Mittwoch **Markt** in Castiglione April–Okt. 3. So im Monat und Sa davor: **Antiquitäten- und Kunsthandwerksmarkt** in Passignano.

Città della Pieve 44

In Richtung Süden verlässt man den See und steuert durch die reizvolle Hügellandschaft nach Città della Pieve (7050 Einw.). Ganz in leuchtendem Ziegelrot präsentiert sich die Geburtsstadt des Malers Pietro Vannucci, genannt Perugino (1450–1523), die im **Dom Santi Gervasio e Protasio** und im Versammlungsraum neben der kleinen Kirche **Santa Maria dei Bianchi** herrliche Fresken des Meisters besitzt.

Piazza Plebiscito, 06062 Città della Pieve Tel. 05 78 29 93 75.

**Perugia 45

Zu den Sehenswürdigkeiten der umbrischen Hauptstadt (158 200 Einw.) zählen die Meisterwerke der umbrischen Nationalpinakothek, die berühmte Fontana Maggiore sowie die mittelalterlichen Straßenzüge.

Geschichte

Unter den Römern erlebte *Perusia* im 3./2. Jh. v. Chr. eine Blütezeit. Als ein byzantinischer Stützpunkt zwischen Rom und Ravenna spielte die Stadt nach dem langobardischen Einfall in Mittelitalien eine wichtige Rolle. Später wurde sie durch den Handel reich. Die Gründung einer selbstständigen Kommune datiert auf 1100, im 14. Jh. dominierte Perugia große Teile Umbriens. Ab 1488 regierten die Baglioni. Sie förderten die künstlerische Blüte, die Perugia bis zur Unterwerfung durch den Papst 1540 erlebte.

**Fontana Maggiore

Beliebter Treffpunkt im Zentrum sowie eine eindrucksvolle Kulisse für Konzerte ist die **Piazza IV Novembre.** Dort steht die Fontana Maggiore, mit der eine Stadt erstmals seit der Antike wieder einen über Aquädukte gespeisten Brunnen errichtete. Den berühmtesten Bildhauern der Zeit, Vater Nicola und Sohn Giovanni Pisano, übertrug die Kommune 1277 die Ausführung der Arbeiten. Die ***Relieffelder** der unteren Marmorschale zeigen die zwölf Sternzeichen, den guelfischen Löwen, den Peruginer Greifen, die Sieben Freien Künste, die Philosophie sowie biblische Geschichten, unterbrochen von Tierdarstellungen.

**Palazzo dei Priori

Die Südseite des Platzes beherrscht der imposante Palazzo dei Priori, der ab 1293 errichtet wurde. Die schön geschwungene Treppe führt zum ehemaligen Ratssaal hinauf, den die Notare ab 1582 als Versammlungsort nutzten: die ***Sala dei Notari** (tgl. 9–13, 15–19 Uhr, Mo geschl., außer Juni bis Sept.; Eintritt frei). Am Corso Vannucci liegt der Zugang zum ***Collegio della Mercanzia** des Palazzo, dem mit hellem Pappel- und dunklem Nussholz getäfelten einstigen Versammlungsraum der Kaufleute. Als Treffpunkt der Geldwechsler und Bankiers fungierte der ****Collegio del Cambio,** den man

5
Seite 70

Perugia, Umbriens Hauptstadt, breitet sich malerisch auf einem Hügel aus

im selben Bau nur wenige Schritte weiter betritt. Über ein Vestibül erreicht man die ***Sala dell'Udienza** (Gerichtssaal) mit ihrem reichen Chorgestühl und wunderschönen Perugino-Fresken. Die antiken Heroen unterhalb der »Klugheit und Gerechtigkeit« (links) sowie der »Tapferkeit und Enthaltsamkeit« (rechts) weisen auf die Vorbildfunktion der Antike zur Zeit der Renaissance hin. Am Mittelpfeiler stellt sich Perugino in einem *Selbstporträt dar. (März–Okt. u. 20.12.–6.1. Mercanzia: So/Fei 9–13 Uhr, Mo–Sa 9–12.30, 14.30–17.30; Cambio: So/Fei 9–12.30, Mo–Sa 9–12.30, 14.30–17.30, Nov.–Feb. Di-Sa 8–14, So/Fei 9–12.30, Mercanzia Sa bis 16.30 Uhr; gemeinsamer Eintritt.)

5
Seite 70

**Galleria Nazionale dell'Umbria

Durch das reich dekorierte ***Portal** des Haupteingangs zum Palazzo dei Priori gelangt man zum sehenswertesten Museum Umbriens. Die Sammlung bietet einen Überblick über die umbrische Malerei von ihren Anfängen im 13. Jh. über Perugino und Pinturicchio bis ins 18. Jh. Eines der kostbarsten Werke des Museums ist das ***Polyptychon** Piero della Francescas. Bis ins Unendliche scheint sich die gemalte Architektur in der Verkündigungsszene fortzusetzen. Im Saal VII steht man in der ***Kapelle** des Palazzo mit Fresken von Benedetto Bonfigli (1450). In den letzten Räumen des dritten Stocks hängen Werke von Lo Spagna, Luca Signorelli, Beato Angelico und Pinturicchio (tgl. 8.30 bis 19 Uhr, erster Mo im Monat geschl.).

Tipp Nach der Besichtigungstour ist eine kleine Pause im ältesten Café Perugias, **Sandri,** fällig, das mit süßen Köstlichkeiten aufwartet.

*Dom San Lorenzo

Der Grundstein des Doms San Lorenzo wurde 1345 gelegt. Fertiggestellt wurde er erst 1490; das Barockportal der Fassade stammt aus dem 18. Jh. Hoch öffnet sich der Raum der dreischiffigen Hallenkirche. Die Innenausstattung ist eher nüchtern.

Zwischen Dom und Palazzo dei Priori beginnt die ***Via Maestà delle Volte,** von der man sich ins Mittelalter entführen lassen kann. Mächtige Bogen überwölben die Gässchen, inmitten der imposanten Konstruktionen steht ein kleiner gotischer Bogen.

*Rocca Paolina

Ab 22 Uhr erwacht allabendlich der Corso Vanucci zu regem Leben. An seinem südlichen Ende bietet der Giardino Carducci etwas Grün und einen Ausblick auf die umliegenden Hügel. Unter den Arkaden des nahen Palazzo della Provincia beginnen die Rolltreppen, die in die Rocca Paolina hinunterführen. 25 Wohntürme und drei Kirchen mussten dieser Festung weichen: Perugia hatte sich 1540 geweigert, die erhöhte Salzsteuer zu zahlen, woraufhin Papst Paul III. Truppen sandte. Als Zeichen seines Sieges errichtete er diese Rocca auf den Mauern des von den Baglioni beherrschten Stadtviertels. 1860, als Truppen des italienischen Königreiches in Perugia einmarschierten, wurde die Festung geschleift. Man spaziert entlang den Gassen des einstigen Baglioni-Viertels, dessen Mauern als Stützen der Rocca bestehen blieben.

Die Vororte

Wer noch etwas Zeit hat, sollte in die Vororte spazieren. An der nördlichen Stadtmauer steht ***San Michele Arcangelo,** die älteste Kirche der Stadt. Flankiert von dunklen Zypressen, strahlt der schlichte frühchristliche Rundbau aus dem 5./6. Jh. eine herrliche Ruhe aus. Im Südosten überrascht ****San Pietro.** Gänzlich mit herrlichen Gemälden und Fresken ausgeschmückt, meist aus dem 16. Jh., enthält der Innenraum auch eine prachtvolle Kassettendecke.

APT, Via Mazzini 21, 06100 Perugia, Tel. 0 75 59 51, Fax 07 55 73 68 28. Infobüro: Piazza IV Novembre, Tel. 07 55 73 64 58, Fax 07 55 72 09 88; www.umbria2000.it, E-Mail: info@iat.perugia.it
Bahnverbindungen: Foligno, Lago Trasimeno.
Busverbindungen: Rom, Florenz, sommers zur Adria.

Locanda della Posta, Corso Vannucci 97, Tel. 07 55 72 89 25, Fax 07 55 73 25 62, www.umbriatravel.com/locandadellaposta. Goethe übernachtete in dem stilvollen Hotel. ○○○
- **Hotel Fortuna,** Via Bonazzi 19, Tel. 07 55 72 28 45, Fax 07 55 73 50 40, www.umbriahotels.com. Hübsches Hotel, gleich beim Corso Vannucci. ○○–○○○

Osteria del Bartolo, Via Bartolo 30, Tel. 07 55 73 15 61. Wiederentdeckung alter umbrischer Rezepte. ○○○
- **Bocca Mia,** Via Rocchi 36, Tel. 07 55 72 38 73. Junges Publikum, tolle Nachspeisen! So geschl. ○○
- **Caffè di Perugia,** Via Mazzini 10, Tel. 07 55 73 18 63, Di geschl. Bar, Enothek, Pizzeria Restaurant: einer der Treffpunkte der Stadt auf vier Etagen in einem gotischen Palazzo.

Enoteca Provinciale, Via Rocchi 18, Tel. 07 55 72 48 24. Umbrischer Wein zum Probieren und Kaufen.
- Letztes Wochenende im Monat **Antiquitätenmarkt.**

Veranstaltung: 1. Julihälfte **Umbria Jazz,** renommiertes internationales Jazzfestival.

**Gubbio 46

5 Seite 70

Man verlässt Perugia in Richtung Gubbio auf der SS 298, einer Strecke mit reizvollen Panoramablicken. Burgen und Klosteranlagen säumen die Straße, bis sich unterhalb der alten Umbrerstadt Gubbio, die sich terrassenförmig an den Monte Ingino schmiegt, die Hochebene öffnet.

Bei der Anfahrt genießt man den besten Blick auf den Ort (31 500 Einw.). Mit dem dominierenden **Palazzo dei Consoli** präsentiert sich hier ein schönes mittelalterliches Ensemble, das seinen Reiz durch das Baumaterial, den weißen Kalkstein aus den nahen Bergen, erhält.

Der Rundgang beginnt mit der Kirche ***San Francesco** (13. Jh.) an der Piazza Quaranta Martiri (Parkplatz) mit schönem spätgotischem Freskenzyklus. Unter der **Loggia** der Wollweberzunft verbreitet der Markt am Vormittag seine Düfte.

Wahrzeichen Gubbios ist der prächtige Palazzo dei Consoli

**Die Altstadt

Über den Torrente Camignano spaziert man von dort mitten in die Altstadt Gubbios hinein. Am Treffpunkt der vier Stadtviertel legte man den Hauptplatz, die **Piazza della Signoria,** mittels enormer Stützkonstruktionen an und errichtete dort ab 1332 einen der bedeutendsten kommunalen Repräsentationsbauten Italiens: den **Palazzo dei Consoli.** Er ist Sitz des Museo Civico und der Pinacoteca Comunale. Hier sind neben römischen Exponaten auch die *Tavole Eugubine zu sehen. Die sieben großen Bronzetafeln bilden das wichtigste Zeugnis zur umbrischen Kultur. Da die Umbrer keine Schrift entwickelten, wurden die Tafeln in umbrischer Sprache mit etruskischen (3./2. Jh. v. Chr.) und lateinischen (2./1. Jh. v. Chr.) Schriftzeichen beschrieben. Sie enthalten Anweisungen für Zeremonien und erwähnen den Jupiter- und Marskult. (April bis Okt. tgl. 10–13, 15–18; Nov. bis März tgl. 10–13, 14–17 Uhr).

Im Anschluss bietet sich ein Spaziergang zum gotischen **Dom Santi Mariano e Giacomo** an. Daneben erhebt sich auf kleiner Grundfläche der **Palazzo Ducale.** Um 1474 ließ Herzog Federico da Montefeltro dieses Renaissanceprunkstück als Sommerresidenz errichten. Großartig wirkt besonders der Innenhof, obwohl der Architekt aus Platzmangel die hintere Seite verkürzen musste – statt vier Bogen stehen hier nur drei (tgl. außer Mi 8.30–19.30 Uhr).

In der Via del Camignano in Gubbio

5

Seite 70

IAT, Piazza Oderisi 6, 06024 Gubbio, Tel. 07 59 22 06 93, Fax 07 59 27 34 09; www.umbria2000.it, E-Mail: info@iat.gubbio.pg.it

Gattapone, Via Ansidei 6, Tel. 07 59 27 24 89, www.mencarelligroup.com. Nettes Hotel in der Altstadt. ○○

Taverna del Lupo, Via Ansidei 21, Tel. 07 59 27 43 68. Typisch umbrische Küche, besonders zu empfehlen Trüffeln und Pilze. ○○○

Keramik aus Gubbio – darunter Nachbildungen der schwarzen *bucchero*-Keramik, die auf die Etrusker zurückgeht, gilt als Spitzenware.

Veranstaltungen: 15. Mai **Corsa dei Ceri** (s. S. 14); am letzten Sonntag im Mai **Palio della Balestra.**

Tour 6

Valle Umbra & nördliches Latium

****Assisi → *Spello → *Trevi → **Spoleto → **Todi → **Orvieto → *Bolsena → *Lago di Bolsena → *Montefiascone → **Viterbo (175 km)**

Von der kleinen Stadt Assisi, die untrennbar mit dem Gründer des Franziskanerordens verbunden ist, führt diese Strecke zu den schönsten Ortschaften Umbriens – Spello, Spoleto, Todi. Traumhafte Ausblicke von den Hügeln beiderseits der Valle Umbra begleiten die Fahrt. Hat man Orvieto erreicht, das – überragt von dem berühmten Dom – auf seinem Tufffelsen hoch über dem Pagliatal thront, ist die Grenze zum Latium bereits nahe. Noch einen Hügelzug hinauf, und schon erblickt man die glitzernde Fläche des Lago di Bolsena in dem ruhenden Vulkankrater. Ein Sprung ins kühle Nass erfrischt, bevor man sich aufmacht, Viterbo, die Stadt der Päpste und der schönen Brunnen, zu besuchen.

**Assisi 47

(25 600 Einw.) und der heilige Franziskus gehören zusammen wie Rom und der Papst: Tausende von Touristen und Gläubigen strömen täglich in die Geburtsstadt des Ordensgründers und verwandeln sie in eine der bedeutendsten Pilgerstätten der Welt. Wer sich aber die Zeit nimmt, auch ein wenig abseits des Trubels zu spazieren, wird eine schöne mittelalterliche

Stadt entdecken, die sich auf einem Ausläufer des Monte Subasio in leuchtenden Weiß- und Rosaschattierungen über der grünen Valle Umbra erhebt.

Kloster **San Francesco

Reist man vom Tal aus nach Assisi an, erhebt sich der Blick unwillkürlich zu den »ungeheuren Substruktionen der babylonisch übereinander getürmten Kirchen, wo der heilige Franziskus ruht«, wie Goethe als Verehrer klassisch antiker Architektur das Kloster San Francesco reichlich distanziert beschrieb.

Am 17. Juli 1228, zwei Jahre nach dem Tod des Heiligen und einen Tag nach seiner Heiligsprechung, legte Papst Gregor IX. den Grundstein für die Unterkirche, die Teil eines mächtigen Gebäudekomplexes werden sollte: Auf der Grabes- und Pilgerkirche (unten) erbaute man die Ordenskirche der Franziskaner (oben), fügte später den mächtigen romanischen Glockenturm hinzu und errichtete dahinter das Kloster.

6

Seite 70

Das Innere der Kirchen ist ganz mit Fresken ausgemalt. Zu den großen Kunstwerken der Unterkirche zählen die ***Fresken des Franziskusmeisters:** links Szenen aus dem Leben des Franziskus, rechts aus dem Leben Christi.

Es ist schade, dass man um 1300 für die Seitenkapellen Teile dieser Malereien zerstörte. Zumindest eine der Kapellen aber, die erste links, entschädigt dafür: Die ***Fresken** Simone Martinis erzählen die Vita des heiligen Martin.

Bemerkenswert ist auch die Decke über dem Hauptaltar. Hier versinnbildlichte Maestro delle Vele die franziskanischen Werte: die Armut, den Gehorsam und die Keuschheit. Umgeben von Engeln ist hier auch Franziskus wieder zu sehen.

Franziskus von Assisi

Der Schutzpatron Italiens wurde 1181 als Sohn der wohlhabenden Tuchhändlerfamilie Bernardone in Assisi geboren. Er genoss die angenehmen Seiten des Lebens in vollen Zügen. Als er 1202 für seine Heimatkommune gegen Perugia kämpfte und mehrere Monate in Gefangenschaft verbrachte, begann er, über sein Leben nachzudenken. Er veränderte es radikal und nahm sich fortan der Armen und Aussätzigen an.

1206 gab ihm das Kreuz in San Damiano (bei Assisi) seine Lebensaufgabe: »Gehe hin und baue meine Kirche wieder auf«. Er restaurierte das halb verfallene San Damiano mit dem Erlös, den er aus dem heimlichen Verkauf eines Stoffballens seines Vaters erzielte. Als dieser protestierte, warf Franziskus ihm seine Kleider vor die Füße; der Bischof von Assisi bedeckte seine Blöße. Damit sagte er sich von der Welt los und erreichte die Aufnahme durch die Kirche.

Ein Leben in der Nachfolge Christi, Nächstenliebe, völlige Besitzlosigkeit und Predigt: Diese Ideale entstanden aus Protest gegen die sozialen Umschichtungen im 11. und 12. Jh., die zwar Einigen Reichtum bescherten, viele aber an den Rand der Gesellschaft drängten. Doch im Gegensatz zu den verfolgten Waldensern und Katharern ließ Franziskus seine Regel für eine wachsende Schar Gleichgesinnter vom Papst absegnen. Damit unterstützte er indirekt auch die römische Amtskirche, da er die neue Frömmigkeit *innerhalb* der kirchlichen Ordnung verankerte – wenn er selbst auch die Meditation in der Einsamkeit einem institutionalisierten Orden vorzog.

Nachdem er 1224 als letztes Zeichen seiner bedingungslosen Nachfolge die Wundmale Christi empfing, starb er 1226 in der Porziuncula und wurde bereits 1228 heilig gesprochen.

Geblieben sind die Fioretti (»Blümchen«), die Geschichten von und über den Poverello (»kleiner Armer«). Sie erzählen von der Zähmung des Wolfes in Gubbio, der Predigt zu den Vögeln bei Bevagna, der Austreibung der Teufel aus Arezzo oder der Einführung der Weihnachtskrippe in Greccio.

6

Seite 70

Den Übergang vom noch byzantinisch beeinflussten Künstler Cimabue über die neue Erzählfreude der Giotto-Schüler bis zu den formvollendeten Werken Simone Martinis kann man im rechten Querschiff nachvollziehen. An seiner rechten Wand bewundert man eine ***Madonna** mit einem Franziskus von Cimabue, darüber Szenen aus der Kindheit Christi. Im linken Querarm stellte der Sieneser Pietro Lorenzetti die Leidensgeschichte Christi dar.

Weniger Kunst, dafür mehr Andacht bestimmt die Atmosphäre der neoromanischen **Krypta,** die das Grabmal des heiligen Franziskus beherbergt.

Über den Kreuzgang gelangt man von der Unterkirche in die Oberkirche. Lichtdurchflutet, elegant öffnet sich der einschiffige Raum. Die Spuren des verheerenden Erdbebens von 1997 sind weitgehend beseitigt. Kreuzrippengewölbe und nach oben strebende Bündelpfeiler weisen klar in die Gotik. Maßgeblich aber waren die großen Wandflächen für die Darstellung der Heils- und Ordensgeschichte und der große Raum für die Predigt. In ihrem Hell-Dunkel-Gegensatz expressionistisch wirken die einzigartigen Fresken Cimabues im Querschiff und der Apsis. Wie Fotonegative erscheinen diese Malereien heute, da sich die Bleimischung der helleren Farben durch Oxydierung schwarz verfärbt hat. Ergreifend die ***Kreuzigung** im linken Querschiff.

Im oberen Bereich des Längsschiffes findet man rechts Szenen aus der Schöpfungsgeschichte, links aus dem Neuen Testament, Bildzyklen, die das Werk römischer Meister sind. Im Sockelbereich ließ der Franziskanerorden die Lebensgeschichte seines Gründers in 28 Bildern darstellen. Einige von ihnen, wie etwa das »Gebet in der verfallenen Kirche San Damiano«, die »Vogelpredigt« (Frontwand) und die »Stigmatisierung« (linke Wand), stammen wohl von Giotto. Hier wirkte zweifellos ein großer Meister (Unterkirche: tgl. 6–18.50, Oberkirche tgl. 8.30–18.50 Uhr; So/Fei vormittags Messen).

Weitere Sehenswürdigkeiten

Nach dieser Augenweide schlendert man die Via San Francesco hinauf zur heiteren **Piazza del Comune.** Die Kirche ***Santa Maria sopra Minerva** dort mutet etwas seltsam an. Doch immerhin kam Goethe einst nach Assisi, nur um den römischen Tempel zu bewundern, der die Jahrhunderte als Portikus der Marienkirche heil überstand.

Spaziert man nun ein wenig durch die Via San Rufino und die Nebengässchen, entdeckt man das mittelalterliche Assisi. Auch die herrliche romanische Fassade des ***Doms San Rufino** zeigt Mittelalter pur.

STA, Piazza del Comune 4, 06081 Assisi, Tel. 0 75 81 25 34, Fax 0 75 81 37 27; www.umbria2000.it, E-Mail: info@iat.assisi.pg.it. Hier erhält man auch die Liste der ca. 20 Klöster, die Gäste aufnehmen. **Bahnverbindung:** Perugia–Foligno.

Windsor-Savoia, Viale Marconi 1, Tel. 0 75 81 22 10, Fax 0 75 81 36 59, www.hotelwindsorsavoia.it. Traditionsreiches Hotel, tolle Aussicht. ○○–○○○

San Francesco, Via S. Francesco 52, Tel. 0 75 81 23 29. Gegenüber der Basilika, gute Küche, auch kleine Gerichte; Mi geschl. ○○○

Spezielle Stickerei in Blau, den sogenannten *punto d'Assisi,* gibt es in vielen Geschäften der Stadt.

6

Seite 70

Veranstaltungen: Aufwändige **Kirchenfeiern,** auch an den Festtagen des hl. Franziskus (3./4. Okt.).

*Santa Maria degli Angeli

Bei der Weiterfahrt in Richtung Spello sieht man die Kuppel von Santa Maria degli Angeli, der siebtgrößten Kirche der Christenheit, aus der modernen Ansiedlung zu Füßen des Monte Subasio herausragen. Sie wurde über der Porziuncula erbaut, einer der Kapellen, die der heilige Franziskus restaurierte. Sie war sein Lieblingsort: Hier starb er im Jahr 1226 auf dem nackten Boden liegend.

Die Kapelle Porziuncula in der Kirche Santa Maria degli Angeli

*Spello ㊽

Spello (8200 Einw.) liegt nur wenige Kilometer von Assisi entfernt. Die Erdbebenschäden sind großenteils überwunden. Malerisch zieht sich die im Sonnenlicht rosa-weiß schimmernde Travertinstadt den Hügel hinauf, bekrönt vom mächtigen Turm der Festung. Ihre schönen mittelalterlichen Bauten – garniert mit prachtvollen römischen Toren (am eindrucksvollsten davon die ***Porta Venere**) und herrlichen Renaissancefresken – gruppieren sich innerhalb der Stadtmauer. Allein die **Cappella Baglioni in **Santa Maria Maggiore** lohnt den Besuch der Stadt: Hier erzählt Pinturicchio mit farbenfrohen Fresken seine Geschichten.

Vom ***Belvedere** an der westlichen Stadtseite reicht die Aussicht weit über die Valle Umbra hinweg.

Pro Spello, Piazza Matteotti 3, 06038 Spello, Tel./Fax 07 42 30 10 09; www.comune.spello.pg.it, E-Mail: prospello@libero.it

Il Cacciatore, Via Giulia 42, Tel. 07 42 65 11 41, Fax 07 42 30 16 03. Gepflegtes Hotel mit schöner Aussichtsterrasse und guter Trattoria. ○–○○

Il Contadino dell'Umbria, Via Tempio di Diana 4. Gleich beim römischen Stadttor Porta Consolare; biologisch kontrollierte umbrische Spezialitäten.

*Trevi ㊾

Aus der Landschaft rund um Trevi (7800 Einw.) kann man bereits auf die Spezialität dieses Ortes schließen: sein exquisites Olivenöl. Ausgedehnte Ölbaumhaine erstrecken sich rings um die Stadt, die weiße Tupfer auf den Monte Serrano setzt.

Wieder unterwegs, sieht man rechts bei km 139 unvermittelt ein kleines Kirchlein stehen, den ***Tempio del Clitunno.** Er wurde wohl im 8. Jh.

6
Seite 70

Wahrzeichen Spoletos ist der Ponte delle Torri

aus spätantiken Teilen zusammengesetzt. Anmutig erhebt sich der Portikus über der Wiese. Seine *Fresken zählen zu den ältesten in Umbrien.

**Spoleto 50

Über diese Stadt (37 800 Einw.) schrieb Hermann Hesse 1911 begeistert an seine Frau: »Liebste, Spoleto ist die schönste Entdeckung, die ich in Italien gemacht habe!« Umbrische Stadtmauern, mittelalterliche Gässchen, herrliche Renaissancefresken, zeitgenössische Kunst: Auch heute noch gibt es hier jede Menge zu entdecken.

**Ponte delle Torri

Die schönste Ansicht auf die Stadt genießt man von Süden her. Anmutig erstreckt sie sich auf dem Kamm eines Hügels, trutzig ragt die Festung. Gegenüber erhebt sich der Berg Monteluco. Durch einen majestätischen Aquädukt, den Ponte delle Torri, ist er mit der Stadt verbunden. Mit ihren 230 m Länge und 76 m Höhe ist diese Brücke, das Wahrzeichen Spoletos, ein Meisterwerk mittelalterlicher Ingenieurskunst aus dem 13. Jh.

Detail des Fassadenreliefs von San Pietro in Spoleto

**San Pietro fuori le mura

Zu Füßen des Hügels liegt rechts die Kirche San Pietro fuori le mura. Voller Symbolik stecken ihre romanischen ****Fassadenreliefs:** Der Löwe steht für Christus, die Raben für die Seelen, der Wolf für den Teufel. Die Überlegenheit des Menschen über das Tier wird durch die Figur symbolisiert, die die Löwentatze einklemmt.

Von der Kirche führt ein etwa 15-minütiger Spaziergang entlang schattiger Grünanlagen in die Stadt hinein zur **Piazza della Libertà** mit dem ***Teatro Romano** aus dem 1. Jh. v. Chr. Aus römischer Zeit stammt der **Drusbogen,** 23 n. Chr. als Eingang zum Forum, der heutigen **Piazza del Mercato,** errichtet.

**Dom Santa Maria Assunta

An der dreigeteilten ***Fassade** des Doms Santa Maria Assunta erkennt man ein byzantinisches Mosaik und acht Rosetten, deren mittlere von den Evangelistensymbolen umfasst ist.

Im Innern blieb aus der Bauzeit (ab 1175) der schöne Fußboden erhalten – ansonsten prunkt der Raum in Barock. Die Apsis schmücken mit der »Verkündigung«, dem »Tod Mariä«, »Christi Geburt« und der »Marienkrönung«, alle von Filippo Lippi, bedeutende ****Renaissancefresken.** Die lebhafte Farbgebung, die großartige Raumaufteilung und die exakte Anwendung der Perspektive prägen die Malereien.

6

Seite 70

Der lebhafte Verkehr trübt ein wenig die Freude am Spaziergang zur ältesten Kirche von Spoleto am nördlichen Stadtrand, **San Salvatore, die wahrscheinlich aus dem 5. Jh. stammt. Doch lohnt die prächtige zweigeteilte **Fassade den Weg. Innen umfängt den Besucher einer der schönsten Räume Umbriens. Das **Presbyterium überwältigt durch seine harmonischen Proportionen.

Festival dei due Mondi

Einmal im Jahr erwacht Spoleto zu buntem Leben, wenn im Juni/Juli das Kultur-»Festival dei due Mondi« stattfindet. Hauptort des Geschehens ist die ***Piazza del Duomo,** die als Bühne wie geschaffen ist.

i **APT,** Piazza della Libertà 7, 06049 Spoleto, Tel. 07 43 23 89 20, Fax 07 43 23 89 41; www.umbria2000.it, E-Mail: info@iat.spoleto.pg.it

Bahnverbindungen: Foligno, Terni.

Charleston, Piazza Collicola, Tel. 07 43 22 00 52, Fax 07 43 22 12 44, www.hotelcharleston.it. Stilvolles Hotel in einem Palast aus dem 17. Jh., relativ zentral gelegen. ○○–○○○

Sportellino, Via Cerquiglia 4, Tel. 0 74 34 52 30, Do geschl. Hervorragende Spoletiner Küche, angefangen von den Antipasti über die Nudeln und das Wild bis hin zu den Dolci. ○○

▮ **Panciolle,** Via Duomo 4, Tel. 0 74 34 55 98. Am offenen Kamin werden die umbrischen Würste gegrillt, die im Sommer im angenehmen Garten serviert werden. ○○

**Todi ⑤①

Jenseits der Monti Martani, eines Gebiets, in dem man gut wandern kann, liegt Todi (17 000 Einw.). Hier führt der erste Weg zur ****Piazza del Popolo** im Zentrum der Altstadt. Wie wär's mit einem Aperitif in der historischen Bar Centrale? Dabei kann man in Ruhe die eindrucksvolle Prestigearchitektur rund um den Platz auf sich wirken lassen: den ***Palazzo dei Priori** von 1293 im Süden, den strengen ***Palazzo del Popolo** von 1218, daneben den ***Palazzo del Capitano del Popolo** aus dem 13. Jh. und den ***Dom.**

Zwei lohnenswerte Museen sind im Palazzo del Capitano del Popolo untergebracht: die **Pinakothek** mit der »Marienkrönung« von Lo Spagna und das **Etruskisch-Römische Museum** (tgl. außer Mo 10.30 bis 13, Okt.–Feb. 14–16.30, März/Sept. 14–17, April–Aug. tgl. 14.30–18 Uhr.).

Am Nordende der Piazza unterstreicht der breite Treppenaufgang die imposante Wirkung der Fassade des ***Doms Santa Maria.** Rosetten, Portale, Kapitelle und der Schmuck der rechten Längsseite und der Apsis: Eine Vielzahl romanischen Skulpturen ist zu bewundern. Im ursprünglich dreischiffigen Innern – das vierte, gotische Schiff stammt aus dem 14. Jh. – sind fein gearbeitete *Kapitelle zu entdecken.

Am Palazzo dei Priori vorbei spaziert man zu der für Umbrien ungewöhnlichen Hallenkirche ***San Fortunato** und zu den Resten der **Rocca** im Stadtpark. Von hier aus genießt man die schöne Aussicht ins Tibertal sowie auf die Renaissancekirche ****Santa Maria della Consolazione** am Stadtrand von Todi. Edle, klare Linien verleihen dem Gebäude, das nach Plänen Bramantes entstand, innen wie außen eine besondere Eleganz.

6

Seite 70

Piazza Umberto I 6, 06059 Todi, Tel. 07 58 94 33 95, Fax 07 58 94 24 16; www.umbria2000.it, E-Mail: info@iat.todi.pg.it

Villa Luisa, Via Cortesi 147, Tel. 07 58 94 85 71, www.villaluisa.it
Schöne Villa in einem Park mit Swimmingpool. ❍❍

Umbria, Via S. Bonaventura 13, Tel. 07 58 94 27 37. Umbrische Küche mit Panoramaterrasse; Di Ruhetag. ❍❍–❍❍❍

Veranstaltung: 2. Julihälfte **»Todi Festival«** mit Ballett, Musik und Kino.

*Lago di Corbara

Über viele Kurven verlässt man Todi und durchquert bei schönem Blick die bewaldete Landschaft ins Tibertal hinunter. Dem Flusslauf folgend, passiert man den schönen Stausee Lago di Corbara, der zum **Parco Regionale del Tevere** gehört.

**Orvieto ㊷

Mehr als 100 m hoch über dem Pagliatal liegt Orvieto (20 700 Einw.) auf dem Rücken eines steilen Tuffsteinfelsens. Die strategisch günstige Lage dieses Platzes erkannten bereits die Etrusker. Sie begannen mit der Aushöhlung des Hügels, an der alle späteren Bewohner weiterarbeiteten. In den mittelalterlichen Gassen ahnt man wenig vom Innenleben des Untergrunds (Besichtigungstour ab APT-Büro, Piazza Duomo 24). Weithin sichtbar strahlt das Wahrzeichen der Stadt – es ist eher eine Tochter des

Die prächtige Fassade des Doms von Orvieto

Himmels denn der Erde, wie die Orvietaner meinen, und wohl der schönste gotische Dom Italiens.

**Dom Santa Maria

Der Spaziergang führt durch die mittelalterliche Altstadt zur stets belebten Piazza del Duomo. Hier lenkt die alles überragende, unvergleichlich prächtige Fassade des Doms Santa Maria den Blick auf sich (bis Ende 2003 in restauro). Das grandiose Projekt muss im Zusammenhang mit den ehrgeizigen Domneubauten der führenden Städte Mittelitaliens gesehen werden – als Ausdruck kommunalen Stolzes in der Phase einer starken städtischen Regierung. Ab 1290 wurde mehr als drei Jahrhunderte lang unter wechselnden Baumeistern an dem Dom gearbeitet.

Der Sienese Lorenzo Maitani, der von 1305 bis 1330 am Dom arbeitete, lieferte den Entwurf für die stark gegliederte **Fassade:** Quer verläuft die reich ausgearbeitete Galerie in der Mitte, vertikale Linien zeichnen die vier sich in Türmchen verlängernden

6
Seite 70

Reich verzierte Säulen am Hauptportal

Streben. Gotische Elemente wie die aus Frankreich übernommenen Wimperge (giebelförmige Zierstreben über den Portalen), die Türmchen und die spitzen Giebel konkurrieren hier mit den breiten Flächen der italienischen Bautradition. Diese sind mit Reliefs, den wunderschönen, farbenprächtigen Mosaiken und dem typisch umbrischen Element der reich verzierten Fensterrosette geschmückt. Die Marmorreliefs der vier Pfeiler mit ihren biblischen Geschichten lohnen einen näheren Blick.

Zu den Höhepunkten des Innenraums zählt die ****Cappella di San Brizio** im rechten Querschiff. Hier schuf Luca Signorelli 1499–1504 den Freskenzyklus »Das Ende der Welt«: Körper in allen Variationen, ausdrucksstarke Gesichter und die Komposition der Figuren in Zweier- und Dreiergruppen bei geringer Aufmerksamkeit für Landschaft und Natur – dies zeichnet Signorelli als großen Vorläufer Michelangelos aus.

6

Seite 70

Museen

Zurück ins 20. Jh. führt der zinnenbekrönte ***Palazzo Soliano** rechts vom Dom, den Papst Bonifaz VIII. 1297 aus Tuffstein errichten ließ. Er beherbergt jetzt das ***Museo Emilio Greco** mit Skulpturen und Zeichnungen des 1913 in Catania geborenen Bildhauers Greco (gest. 1995), der auch das Mittelportal des Doms schuf (Di–So 10.30–13, April–Sept. 14–18.30, Okt. bis März 14–17.30 Uhr).

Links hinter dem Palazzo Soliano wartet im Papstpalast aus dem 13. Jh. das ***Museo Archeologico Nazionale** mit *Wandmalereien aus den etruskischen Grabkammern von Settecamini auf (tgl. 8.30–19.30 Uhr).

Tipp Nahe der Piazza della Repubblica, dem beliebten Treffpunkt vor dem Rathaus, findet man das älteste Café Orvietos, das **Montanucci** (Corso Cavour 21).

i **APT,** Piazza Duomo 24, 05018 Orvieto, Tel. 07 63 34 19 11, Fax 07 63 34 44 33.
www.umbria2000.it
www.comune.orvieto.tr.it,
E-Mail: info@iat.orvieto.tr.it

Bahnverbindungen: Città della Pieve, Orte.

Hotel Reale, Piazza del Popolo 25, Tel. Fax 07 63 34 12 47. Prächtiger Palast aus dem 16. Jh. im Zentrum. ❍

Cantina Foresi, Piazza Duomo 2. Nette Enoteca im kleinen Kellerlokal, schmackhafte Kleinigkeiten. ❍

▪ **Antica Cantina,** Piazza Monaldeschi 19. Brotzeiten *(spuntino)* und gute umbrische Hauptgerichte. ❍

Beliebte Mitbringsel sind die überall erhältlichen Keramiken oder der Weißwein Orvieto classico.

Veranstaltungen: am Pfingstsonntag **Festa della Palombella;** am Fronleichnamstag **Prozession und historischer Umzug.**

*Bolsena 53

In Serpentinen schraubt sich die Straße von Orvieto den Hügelzug der Monti Volsinii hinauf, vorbei an Getreidefeldern und Ginsterhecken. Unerwartet öffnet sich die Aussicht auf den Vulkansee ***Lago di Bolsena.** In Bolsena (4150 Einw.), bietet sich der beste Blick von der majestätischen ***Rocca Monaldeschi** (13. Jh.), die zudem eine archäologische Sammlung präsentiert.

Die Kirche ***Santa Cristina,** ein echtes Schmuckstück, bewahrt unter einem anmutigen Ziborium aus dem 9. Jh. den Basaltstein mit den Fußabdrücken der heiligen Christina, um die sich folgende Legende rankt: Die Christin, die zur Zeit Kaiser Diokletians lebte, war zum Märtyrertod durch Ertränken verurteilt. Ein Basaltstein sollte sie in die Tiefe des Lago ziehen – doch dieser versank nicht, sondern trieb an der Wasseroberfläche und half Christina, ans Ufer zurückzukommen. Dabei drückten sich ihre Füße in den Basalt, der später als Altarstein aufgestellt wurde. Knappe tausend Jahre später ereignete sich an diesem Altartisch das Eucharistiewunder von Bolsena.

i Piazza Matteotti 9, 01023 Bolsena, Tel./Fax 07 61 79 99 23.

Trattoria Il Moro. Auf einem Steg im See genießt man die köstliche *Anguilla alla Vernaccia* (Aal mit Lorbeer in Vernaccia-Wein). ○–○○

Veranstaltungen: im Juni **Festa del Corpus Domini, Infiorata** mit Prozession (Sonntag nach Fronleichnam); 1.–7. Juli **Sagra del Pesce** (Fest der Fische); **23./24. Juli Festa di Santa Cristina.**

*Montefiascone 54

Die gewaltige Kuppel des **Doms Santa Margherita,** die Carlo Fontana im 17. Jh. erbaute, weist den Weg nach Montefiascone (12 800 Einw.). Dort ist jedoch nicht der Dom, sondern die romanische Doppelkirche ****San Flaviano** mit ihrer ungewöhnlichen architektonischen Konstruktion die größte Sehenswürdigkeit (geöffnet, oberer Teil in restauro).

Tipp Est! Est! Est! heißt der berühmte trockene Weißwein der Stadt, den man in den Kellereien an der Via Cassia kosten kann.

**Viterbo 55

Über die römische Via Cassia erreicht man Viterbo (60 400 Einw.). Kaum zu glauben, dass dieses mittelalterliche Provinzstädtchen einst sogar Rom Konkurrenz gemacht hat; denn heute, nachdem die Päpste längst nach Rom zurückgekehrt sind, geht das Leben in Viterbo seinen beschaulichen Gang. Trotz des vollständig erhaltenen mittelalterlichen Mauerrings, der historischen Wohntürme, belebten Gassen und bedeutenden Kunstschätze gehört Viterbo zu den weniger überlaufenen Städten Mittelitaliens.

*Dom San Lorenzo

Der Spaziergang durch Viterbo beginnt an der Piazza del Plebiscito, die von prachtvollen *palazzi* gesäumt ist. Der Via San Lorenzo folgend, gelangt man zur baumbestandenen **Piazza della Morte** und über eine Brücke zur **Piazza San Lorenzo,** die abends zu regem Leben erwacht.

Hier erhebt sich der ***Campanile** neben der harmonischen Renaissancefassade des **Doms San Lorenzo.**

6
Seite 70

Romanische Anklänge findet man im Inneren: Starke Säulen mit fein gearbeiteten Kapitellen gliedern den dreischiffigen Raum unter dem offenen Dachstuhl. Zur Bauzeit des Doms im 12. Jh. war Viterbo bereits eine unabhängige Kommune, der Handel an der Via Cassia florierte. Die Reste des Fußbodens lassen die Pracht der einstigen Ausstattung erahnen.

*Papstpalast

Die Viterbeser nutzten die Gunst der Stunde. Als Papst Alexander IV. 1257 aus dem unsicheren Rom nach Viterbo floh, profitierten die Viterbeser Geschäftsleute enorm. Die Stadt hofierte den Papst: Flugs errichtete man einen prächtigen Palast (1266 war er fertig) und übernahm auch die Spesen für die Unterbringung des Hofes: Die Päpste blieben in Viterbo. Im 13. Jh. übertraf Viterbo mit 60 000 Einwohnern selbst Rom mit seinen 40 000.

Neben dem schweren romanischen Körper des Papstpalastes scheint die **Loggia** in gotischer Leichtigkeit geradezu zu schweben: Gestützt wird sie von einer stabilen Rundsäule und den tiefen Rundbogen. Das Äußere des zinnengekrönten Hauptgebäudes – mehr Burg als Palast – wird allein von den hübschen Biforien durchbrochen.

In dem riesigen Saal links oben fand das erste Konklave der Geschichte statt. Das *Panorama von der Aussichtsterrasse der Loggia reicht bis nach Montefiascone.

**Via San Pellegrino

Bis heute prägen die Paläste und Straßenzüge aus ihrer Blütezeit die Stadt. Die Schönheit der Gassen, Erker, Anbauten, Bogengänge und Wohntürme entdeckt man bei einem Spaziergang über die Via San Pellegrino (die östlich der Piazza della Morte beginnt) zum ***Palazzo degli Alessandri** an der Piazza San Pellegrino. Mit seinem breiten Balkon und den tief gelegten Bogen gilt er als Musterbeispiel für den Stil des 13. Jhs.

*Museo Etrusco Nazionale

Die ***Rocca** am nördlichen Ende der Altstadt ließ Kardinal Albornoz nach der Unterwerfung Viterbos 1354 errichten. Die Burg ist Sitz des Etruskischen Nationalmuseums. Einzigartig sind Rekonstruktionen etruskischer Häuser und eines Bankettsaals mit Originalteilen aus Ausgrabungen in der Nähe (Di–So 8.30 bis 19.30 Uhr).

APT, Piazza S. Carluccio 5, Viterbo, Tel. 07 61 30 47 95, Fax 07 61 22 09 57, E-Mail: infoviterbo@apt.viterbo.it; Promotuscia, Piazza dei Caduti, Tel. 07 61 30 46 43, Fax 07 61 30 84 80. www.promotuscia.it

Bahnverbindungen: nach Orte, Montefiascone, Rom.

Tuscia, Via Cairoli 41, Tel. 07 61 34 44 00, Fax 07 61 34 59 76, www.tusciahotel.com
Gutes Hotel, auch mit Garage in der Nähe der Rocca. ○–○○

Il Richiastro, Via della Marrocca 16/18, Tel. 07 61 22 80 09. Fantasievolle Küche in urigem Kellerlokal, im Sommer mit Garten. Do–So (So nur vormittags); Juli/Aug. geschl. ○○

3. So im Monat (außer Juli/Aug.) **Antiquitätenmarkt** im Zentrum an der Piazza dei Caduti.

Veranstaltung: 2./3. Sept. **Fest der Stadtheiligen Rosa** – den ganzen September kulturelles Programm.

6

Seite 70

Tour 7

Die Adriaküste und ihr Hinterland

****San Marino → **San Leo → Pesaro → **Urbino → *Iesi → Ancona → **Loreto → Recanati → San Benedetto del Tronto → Ascoli Piceno (400 km)**

Ausgangspunkt dieser Tour durch die Marken ist der Zwergstaat San Marino. Kurioses und die Kultur locken zum Besuch in den Hügeln des Hinterlandes, während man an der Küste Sonne, Trubel und das Meer genießt: Von Cattolica bis nach San Benedetto del Tronto liegen die Badeorte an der Adria aufgereiht wie Perlen an einer Schnur. Abstecher führen zu einem viel besuchten Wallfahrtszentrum und in die Geburtsstädte bedeutender Künstler wie Raffael, Giovanni Battista Pergolesi und Beniamino Gigli: nach Urbino, Recanati und Iesi, wo auch Friedrich II. das Licht der Welt erblickte.

**San Marino 56

(4350 Einw.) ist, von welcher Himmelsrichtung man sich auch nähert, schon aus weiter Ferne auf seinem Monte Titano zu erblicken. Vom legendären Steinmetz Marinus aus Dalmatien zusammen mit einer Schar verfolgter Christen im 3. Jh. gegründet, konnte San Marino sich bis heute seine kuriose Selbstständigkeit bewahren. Auch wenn San Marino keine eigene Sprache hat, hier mit Euro bezahlt wird und das seit 1463 unveränderte Hoheitsgebiet nur ca. 25 000

Blick auf die Burgruinen am Steilhang San Marinos

Einwohner zählt, ist diese eigenständige Republik die älteste und kleinste der Welt. Das hat natürlich seinen Preis, weshalb in San Marino alles ein bisschen teurer ist als andernorts.

Aus der Nähe wirkt die wie eine mittelalterliche Wehranlage erscheinende Stadt wie ein vorweggenommenes Disneyland. An höchster Stelle schieben sich fotogen die zwei Burgruinen **Guaita** und **Cesta** (mit Waffenmuseum) und der Befestigungsturm **Montale** in den Himmel.

Beim Bummel durch das enge Bergstädtchen wechseln malerische Winkel und Gassen mit Kitsch in den Andenkenläden ab. Gratis gibt es den überwältigenden Panoramablick, der bis zur Adria hinüberreicht.

i **Ufficio dello Stato per il Turismo,** Contrada Omagnano 20, 47031 Repubblica di San Marino, Tel. 05 49 88 24 00, Fax 05 49 88 25 75, www.omniway.sm, E-Mail: statoturismo@omniway.sm; Hotelvermittlung: Tel. 05 49 88 54 31, Fax 05 49 88 54 33, www.sanmarino2000.sm

7
Seite 91

Buca San Francesco, Piazzetta Feretrano 3, Tel. 05 49 99 14 62. Charakteristisches Lokal mit bodenständiger Küche. ❍–❍❍

Veranstaltungen: 1. April und 1. Okt. **Einsetzung der Staatsoberhäupter;** Ende Juli oder Ende August **Mittelaltertage** mit Umzügen, Wettkämpfen und Markt; 3. Sept. **Nationalfeiertag** großes Volksfest mit »Palio delle Balestre Grandi«, dem Wettkampf der Armbrustschützen.

**San Leo ㊼

Im Vergleich zu San Marino ist San Leo (2900 Einw.) wesentlich ruhiger. Inmitten einer waldreichen Hügellandschaft hoch auf einem Felsmassiv gelegen, soll es auf den hl. Leo, einen Gefährten des hl. Marinus, zurückgehen. Die Pfarrkirche **Santa Maria dell'Assunta** (9./11. Jh.), der nicht minder beachtliche **Dom,** der sein heutiges Aussehen bis 1200 erhielt, und die grandiose ***Festung** oberhalb lohnen den Besuch des reizenden Ortes. Letztere wurde nie eingenommen und war das sicherste Gefängnis der Päpste. Hier saß der Hochstapler Graf Cagliostro ein (tgl. 9–18 Uhr).

7

Seite 91

Pro Loco, Piazza Dante 10, 61018 San Leo, Tel./Fax 05 41 91 62 31.

Castello, Piazza Dante 11/12, Tel. 05 41 91 62 14, Fax 05 41 92 69 26, E-Mail: albergo-castello@libero.it. Hübsches Hotel an der Kirche Santa Maria. ❍

Locanda San Leone, Via Sant' Antimo 102, Tel. 05 41 91 21 94. Gute Montefeltro-Küche; Okt.–Ostern geschl. ❍❍–❍❍❍

Cattolica ㊽

Bei Cattolica (15 750 Einw.) erreicht man das Meer mit Sandstrand. Der Ortsname erinnert daran, dass das einstige Fischerdorf nach den Bischöfen benannt wurde, die sich für rechtgläubig, »katholisch«, hielten und sich 359 wegen eines Dogmenstreits vom Konzil in Rimini absetzten.

Via Matteotti 46, 47033 Cattolica, Tel. 05 41 96 33 41, Fax 05 41 96 33 44; www.cattolica.net

Berlino, Via del Prete 37, Tel. 05 41 95 42 87, E-Mail: berlino@inwind.it; kleines modernes Hotel. ❍–❍❍
Cristallo, Via Matteotti 37, Tel. 05 41 95 06 08, Fax 05 41 96 09 84, www.cattolicaturismo.com/cristallo Kleines, sehr komfortables Haus mit Restaurant. ❍❍–❍❍❍

Stazione, Via N. Sauro 3, Tel. 05 41 83 04 21. Fisch und hausgemachte Nudeln. ❍❍

Tipp **Zona 34,** Via Rasi Spinelli 34, Tel. 05 41 83 35 34. Die etwas andere Badeanstalt mit Spaßfaktor!

Gabicce Mare ㊾

Cattolica geht in den Badeort Gabicce Mare über, wo der bis zur Strandbucht auslaufende Apennin die Grenze zwischen der Emilia-Romagna und den Marken darstellt. Auf dem Hügelrücken erstreckt sich Gabicce Monte.

APT, Viale della Vittoria 41, 61011 Gabicce Mare, Tel. 05 41 95 44 24, Fax 05 41 95 35 00; www.gabiccemareturismo.com, E-Mail: iat.gabicce@regione.marche.it

Capo Est, Via Panoramica 123, Gabicce Monte, Tel. 05 41 95 33 33, Fax 05 41 95 27 35, www.capoest.com/home; nobles Hotel mit herrlichem Blick. ○○–○○○

La Terrazza, Piazza Valbruna, Tel. 05 41 95 31 95, Gabicce Mare. Mit Blick auf das Meer. ○○

Pesaro 60

Auf der Küstenstraße nach Süden kommt man 5 km vor Pesaro (89 400 Einw.) an dem imposanten Jagdschloss **Villa Imperiale** vorbei (errichtet 1472). In Pesaro erblickte 1792 Gioacchino Rossini das Licht der Welt. In seinem **Geburtshaus,** der Casa Rossini, ist ein Museum eingerichtet, und zum Opernfestival im August erklingt seine Musik. An der Längsseite der **Piazza del Popolo** erinnert der **Palazzo Ducale** an die Blütezeit der Stadt im 15. Jh. Bis ins 17. Jh. genoss sie einen guten Ruf wegen ihrer Majolikaproduktion, von deren Qualität man sich im **Museo delle Ceramiche** überzeugen kann (Juli/Aug. Di–So 9.30–12.30, Mi, Fr, Sa, So auch 17–20 Uhr; Sept.–Juni Di–So 9.30 bis 12.30, Do–So auch 16–19 Uhr; ebenso Casa Rossini). Auch die Jugendstilvilla **Ruggeri** nahe dem Strand und die Renaissancefestung **Rocca Costanza** ziehen Blicke auf sich.

I.A.T., V. Trieste 164, 61100 Pesaro, Tel. 07 21 6 93 41, Fax 0 72 13 04 62, www.turismo.marche.it, E-Mail: iat.pesato@regione.marche.it

Teresa, Viale Trieste 180, Tel. 0 72 13 00 96. Wohlmundende Experimente mit Meeresblick; So abends u. Mo geschl. ○○○

7
Seite 91

Urbino, eine fast komplett erhaltene Renaissancestadt

**Urbino ⓺①

Mit Urbino (15 200 Einw.), einer fast komplett erhaltenen Renaissancestadt – heute quasi ein Museum – erfüllte sich Federico da Montefeltro, Herzog von Urbino, den Traum von einer idealen Stadt und setzte sich selbst, seiner Familie und seiner Epoche ein Denkmal. Den Ausgangspunkt für die Stadtbesichtigung bildet die **Piazza della Repubblica.** Von hier führt die Via Vittorio Veneto zum pompösen **Dom,** der nach einem Erdbeben im Jahr 1789 im Geschmack des 18. Jhs. restauriert wurde.

***Palazzo Ducale

Federico selbst überwachte ab 1468 den Bau des Palazzo. Die Namen seiner Baumeister Luciano Laurana, Francesco di Giorgio Martini, Baccio Pontelli und Girolamo Genga tauchen auch im Zusammenhang mit vielen anderen Bauten Urbinos auf. Siebzig Jahre dauerten die Arbeiten an dem bedeutendsten weltlichen Renaissancebauwerk Italiens.

Im Innern führt der Rundgang durch die prächtigen Räume des Herzogs und der Herzogin; quasi im Vorbeigehen genießt man dabei die hervorragend integrierten Exponate der **Nationalgalerie der Marken.** Der Bogen spannt sich von Allegretto Nuzi, einem Vorläufer des »Weichen Stils« der Gotik, über Piero della Francescas »Geißelung Christi« und Paolo Uccellos düstere »Geschichte von der entweihten Hostie und der Verbrennung der Judenfamilie« (die Predella zu einem Altarbild von Justus van Gent) zu Raffaels sensiblem Porträt einer florentinischen Dame, »Die Stumme« (Mo 8.20–14, Di–So 8.30 bis 19.30 Uhr).

*Casa Natale di Raffaello

In der von der Piazza della Repubblica steil ansteigenden Via Raffaello erblickte 1483 Raffael im ersten Stock des Hauses Nr. 57 das Licht der Welt: Casa Natale di Raffaello (So/Fei 10–13, März–Okt. Mo bis Sa 9–13, 15–19, Nov.–Feb. Mo–Sa 9–14 Uhr).

I.A.T., Piazza Rinascimento 1, 61029 Urbino, Tel. 07 22 26 13, Fax 07 22 24 41; www.comune.urbino.ps.it, E-Mail: iat@comune.urbino.ps.it

Raffaello, Via S. Margherita 40, Tel. 07 22 47 84, Fax 07 22 32 85 40, www.albergoraffaello.com Stilvolles Haus in renoviertem Palazzo aus dem 18. Jh. ❍❍❍

Il Girarrosto, Piazza delle Erbe, Tel. 07 22 44 45. Ansprechendes Restaurant mit typischen lokalen Gerichten. ❍❍

Vecchia Urbino, Via dei Vasari 3–5, Tel. 07 22 44 47. Traditionelle umbrische Küche und ausgezeichnete Trüffelkreationen; Di geschl. ❍❍❍

Veranstaltungen: 2. Julihälfte **Festival Internazionale di Musica Antica – Festival alter Musik;** 3. So im August **Festa del Duca** (historisches Fest)

7
Seite 91

Fano 62

Die Wogen der Touristenströme haben sie noch nicht überspült, die Altstadt von Fano (56 700 Einw.), die als Fußgängerzone ausgewiesen ist. Ein Spaziergang führt zur **Piazza XX Settembre.** Wie gut das römische Kastell am Ende der von Rom ausgehenden Via Flaminia, einer Fernstraße, befestigt war, zeigen die mächtigen Reste der imposanten römischen ***Stadtmauer** und des ***Arco d'Augusto.**

I.A.T., Viale C. Battisti 10, 61032 Fano, Tel. 07 21 80 35 34, Fax 07 21 82 42 92, www.turismo.marche.it E-Mail: iat.fano@regione.marche.it; Hotelreservierungen: Tel. 07 21 82 73 76, Fax 07 21 82 57 10, E-Mail: info@fanoline.it

Veranstaltungen: im Juli **Jazzfestival;** jeden 2. So und Sa davor **Antiquitätenmarkt** in der Altstadt.

Senigallia 63

Von Fano bis Ancona säumt ein einziger langer Sandstrand die Küste. 10 km feinen Sandstrandes gehören zu Senigallia (42 600 Einw.), im 4. Jh. v. Chr. Stützpunkt der Gallier (Kelten). Seit einigen Jahrzehnten nun ist die Stadt ein begehrtes Ziel von Sonnenanbetern, denen ca. 100 Hotels und 17 Campingplätze zur Verfügung stehen. Trotz des Baubooms hat sich das Zentrum mit der Festung, der **Rocca Roveresca** (15. Jh.), ein Wahrzeichen, erhalten, das seit dem Übergang von den Della Rovere an den Kirchenstaat als Gefängnis diente. Über die Geschichte dieser Familie in den Marken informiert die Ausstellung im Inneren (tgl. 8.30–19 Uhr).

Volleyball am Strand von Senigallia

I.A.T., Piazzale Morandi 2, 60019 Senigallia, Tel. 07 17 92 27 25, Fax 07 17 92 49 30; www.comune.senigallia.an.it, E-Mail: iat.senigallia@regione.marche.it

Osteria del Tempo Perso, Via Mastai 53, Tel. 07 16 03 45. Feine Küche. Do geschl. ○○

*Iesi 64

Von der Küste kaum 30 km entfernt, breitet sich auf einer Anhöhe über dem Fluss Esino die Altstadt von Iesi (39 200 Einw.) aus. In vorchristlichen Jahrhunderten von Umbrern gegründet, war die Siedlung den Römern als Aesis bekannt. Auf ihrer Stadtbefestigung baut die beeindruckende Stadtmauer des 14. Jhs. auf, die samt Bastionen und Toren erhalten ist.

Man parkt an der Via N. Sauro; auf der Rolltreppe geht es durch einen Befestigungsturm zum ehemaligen Marktplatz an der Stelle des römischen Forums. Mitten auf dieser **Piazza Federico II** mit Obelisk-Brunnen von 1845 und dem **Dom** wurde 1194 der Stauferkaiser Friedrich II. geboren (s. S. 94). An der Piazza Colocci erhebt sich der ***Palazzo della Signoria** mit

7
Seite 91

markantem Glockenturm und einer streng gegliederten Fassade. Erbaut 1486–1498, war er Sitz von Stadtrat und Gericht.

Die Via Pergolesi entlang und durch das heutige Rathaus hindurch erreicht man das Herz der Stadt, die **Piazza della Repubblica.** Die Pracht des **Teatro Pergolesi** erschließt sich nur beim Besuch einer Aufführung. Von hier führt die Via XV Settembre zum **Palazzo Pianetti,** einem Traum in Rokoko, und zu der Pinakothek, deren Besichtigung wegen bedeutender *Gemälde von Lorenzo Lotto lohnt (15. Juni–15. Sept. Di–So, Fei 10–13, 17–23 Uhr; 16. Sept.–14. Juni Di–Sa 10–13, 16–19, So, Fei 10–13, 17–20 Uhr).

Pro Loco, Piazza della Repubblica, 60035 Iesi, Tel. 0 73 15 97 88, Fax 0 73 15 82 91; www.comune.jesi.an.it/proloco

Bahnverbindungen: nach Ancona und Fabriano.

Mariani, Via dell'Orfanotrofio 10, Tel. 07 31 20 72 86, Fax 07 31 20 00 11, www.hotelmariani.com Angenehmes Hotel mitten im Zentrum. ❍❍❍

Forno Ercoli, Piazza Nova 8, Tel. 07 31 15 69 60. Weißwein Verdicchio zu Käse- und Wurstspezialitäten; Mo u. mittags geschl. ❍

Ancona 65

Die Hauptstadt der Provinz Marken (98 400 Einw.) ist ein bedeutender Hafen und Industriestandort; sie war seit jeher Italiens Tor zum Osten. In beiden Weltkriegen wurde Ancona schwer beschädigt, und das Stadtbild hat auch unter den Folgen des ökonomischen Aufschwungs mit vielen eintönigen Hochbauten und großen Straßen gelitten.

Die Geburt auf dem Marktplatz

Kaiser Heinrich VI., der Sohn Barbarossas, zog 1194 mit einem Heer durch Italien, begleitet von seiner Gattin, der elf Jahre älteren Konstanze, Tochter des Normannenkönigs Roger II. Heinrich war zwanzig gewesen, als er sie 1186 geheiratet hatte, und wollte nun die Herrschaft über ihr Erbe, das Königreich Sizilien, antreten. Da die fast 40-jährige Konstanze hochschwanger war, ließ er sie in Iesi zurück, um sich am 25. Dezember 1194 in Palermo zum König von Sizilien krönen zu lassen, nachdem er den normannischen Adel brutal beseitigt hatte. Zum selben Zeitpunkt wurde auf Iesis Marktplatz ein Zelt aufgebaut, und dort brachte Konstanze am 26. Dezember in Gegenwart der Geistlichkeit und aller verheirateten Frauen der Stadt – so erzählt es die Legende – ihren Sohn Friedrich zur Welt. 1220 wurde Friedrich II. in Rom zum Kaiser gekrönt. Mehrfach vom Papst exkommuniziert, starb der letzte große Staufer 1250 in Apulien und wurde im Dom von Palermo beigesetzt. Seine wohl eher aufgrund päpstlicher Angriffe später erdichtete »öffentliche« Geburt sollte jegliche Zweifel am Geschehen in Iesi, die wegen des Alters von Konstanze aufkamen, ein für allemal ausräumen.

7
Seite 91

*Dom San Ciriaco

Wenig rühmlich liegt eines der letzten berühmten Monumente der Stadt, der römische **Trajansbogen,** am Rand der modernen Hafenanlage. Wem der Blick aus der Ferne genügt, der wird zu ihm vom Dom San Ciriaco auf dem Monte Guasco hinabschauen, wo die Umgebung weitaus gefälliger ist. Über einem römischen Venustempel entstand im 5./6. Jh. die erste Kirche, jetzt das Querschiff. Im 11./12. Jh. erfolgte eine Erweiterung des Langhauses und die Gestaltung des Portalbereichs mit Säulen und Löwen, im 13. Jh. wurde die Kuppel aufgesetzt. Die seltsame Wirkung des Rauminneren wird durch die Mischung byzantinischer, romanischer und gotischer Stilelemente hervorgerufen.

Pinacoteca Civica

Auf dem Weg vom Dom in die Innenstadt kommt man an Palazzi und dem ***Nationalmuseum der Marken** zur vorchristlichen Geschichte Anconas vorbei (tgl. außer Mo 8.30 bis 19.30 Uhr). Verehrer Tizians finden in der Pinacoteca Civica mit der »Erscheinung der Jungfrau Maria« (1520) das erste erhaltene Bild des Meisters, dazu Werke von Lorenzo Lotto, Carlo Crivelli u. a. (Di–Sa 9–19, Mo 9–13, So 15–19 Uhr, Fei geschl.).

Sehenswürdigkeiten im Zentrum

Die Beziehungen Anconas zum Osten demonstriert die eigentümliche Fassade der Kirche ***Santa Maria della Piazza** hinter der Pinakothek, die sich über einem frühchristlichen Gotteshaus des 5./6. Jhs. erhebt. Die Fassadenverblendung mit vier Reihen schlanker Säulchen und Rundbogen verweist auf byzantinisch-orientalische Vorbilder. Die **Loggia dei Mercanti,** die Börse der Kaufleute von Ancona (Fassade aus dem 15./16. Jh.), erinnert an den Orienthandel, der einst für Reichtum sorgte. Der Hafen dahinter hat im Guten wie im Schlechten seit jeher Anconas Schicksal bestimmt. Vorbei am **Palazzo del Governo** aus dem 15. Jh. kommt man auf die ruhige **Piazza del Plebiscito** mit einem Denkmal Papst Clemens' XII. Die Kirche **San Domenico** birgt eine Kreuzigungsdarstellung von Tizian. An der Kirche stößt man links auf die **Porta San Pietro,** ein mittelalterliches Stadttor, rechts auf ein gemütliches Plätzchen, wo die **Fontana del Calamo** aus 13 Bronzemasken Wasser speit.

Zentral gelegen ist die Piazza del Plebiscito in Ancona

APTR, Via Thaon de Revel 4, 60100 Ancona, Tel. 0 71 35 89 91, Fax 07 13 58 99 29.; www.marcheturismo.it

Schiffsverbindungen: nach Griechenland, Zypern, Israel, Kroatien und in die Türkei.

Roma e Pace, Via Leopardi 1, Ancona, Tel. 0 71 20 20 07, Fax 07 12 07 47 36, www.italiaabc.it/h/romaepace; historisches Gebäude, sehr gepflegt. ❍❍

La Moretta, Piazza Plebiscito 52, Tel. 0 71 20 23 17. Alteingesessene Trattoria mit familiärem Ambiente. So geschl. ❍❍

7
Seite 91

Monte Conero

Der schönste Küstenabschnitt zwischen Cattolica und San Benedetto del Tronto liegt direkt südlich von Ancona. Hier hat sich mit dem Monte Conero (572 m) eine unzerstörte Bergregion erhalten. Grüne Wälder wechseln mit weißen Kalkfelsen, die sich vor dem blauen Meer auftürmen. Auf verborgenen Pfaden gelangt man von den Parkplätzen entlang der Straße hinab zu kleinen Badebuchten; und in den Trattorien lässt man sich den einheimischen Rosso Conero schmecken.

Dieser Landstrich konnte sich viel von seinem ursprünglichen Reiz bewahren – zumal der ruhige Badebetrieb auf die weißen Kiesstrände der Orte **Sirolo** und **Numana** südlich des Monte Conero konzentriert ist. Von ihrer vorgeschichtlichen Bedeutung als Fernhandelsplätze mit Beziehungen bis in den Orient zeugen Funde, die in Numana im Antiquarium zu bewundern sind.

Monteconero, Monte Conero 26, 60020 Sirolo, Tel./Fax 07 19 33 05 92, www.fastnet.it/monteconerohotel Komfortables Hotel in der Badia di San Pietro, einer im 13. Jh. gegründeten Abtei. OO–OOO

**Loreto 66

Etwas abseits der Küste liegt südlich von Ancona der jährlich von über einer Million Pilgern besuchte Wallfahrtsort Loreto. Die wichtigsten Wallfahrtstage sind der 25. 3. (Mariä Verkündigung), der 15. 8. (Mariä Himmelfahrt) und der 8. 12. (Mariä Empfängnis).

Adriastrand am Monte Conero

Das Wallfahrtszentrum Loreto zieht jährlich Millionen von Pilgern an

Die Stadt erscheint mit ihren grandiosen Mauern als typische Festungsanlage des 16. Jhs., diese aber diente dem Schutz des innen 93 m langen und 60 m breiten, prunkvollen **Santuario della Santa Casa.** Ab 1468 errichtet und erst im 18. Jh. vollendet, birgt die Basilika ein kleineres Gebäude: Die Kuppel erhebt sich über der mit aufwändigen Marmorarbeiten verkleideten Santa Casa. Nach katholischer Tradition ist dies das Geburtshaus von Maria, das Engel 1294 von Nazareth hierher beförderten.

Vecchio Glicine, Via Rampolla 44, Tel. 07 17 50 01 14, Mi geschl. Hausgemachte Nudeln und frischer Fisch in alter Locanda. OO

Recanati 67

Kunstinteressierte Pilger zieht es in das hübsche Recanati. 1511–1513 hat Lorenzo Lotto hier gearbeitet; man begegnet ihm in der Kirche **San Domenico** und in der Pinakothek in der **Villa**

7
Seite 91

Coloredo beim Dom. Außerdem zu sehen: ein Museum zu Ehren des hier geborenen Tenors Beniamino Gigli (1890–1957) und Erinnerungen an den Dichter Giacomo Leopardi (1798 bis 1837). Giglis Elternhaus steht an der Piazzetta Sabato del Villaggio, das **Museo Gigli** im Palazzo Comunale (Gigli: tgl. außer Mo 10–13, 15–19 Uhr, im Sommer länger; Tel. 07 17 58 72 91; Leopardi: April–Mitte Juni u. Okt. tgl. 9–18, Mitte Juni–Sept. tgl. 9–20 Uhr, November–März tgl. 9.30–12.30, 14.30–17.30 Uhr; Tel. 07 17 57 33 80).

Im einstigen Hafen der Stadt, dem Badeort **Porto Recanati** mit langem Sandstrand, steht die Ruine eines von Friedrich II. errichteten Kastells.

I.A.T., Corso Matteotti 111, 62017 Porto Recanati, Tel. 07 19 79 90 84, Fax 07 17 59 74 13; www.portorecanatiturismo.it

Veranstaltung: Ende Aug./Sept. großes **Muschelfest.**

San Benedetto del Tronto ⑱

Mit einem älteren Stadtteil und einer Ansiedlung von Hotel- und Industriebauten entlang des Küstensaums präsentiert sich San Benedetto del Tronto (45 400 Einw.) als beliebter Badeort. 6 km feinster weißer und gepflegter Sandstrand sowie ein Hain mit 7000 Palmen, viel Grün und Oleanderbüsche prägen seine Atmosphäre. Der Fischerhafen ist der wichtigste Italiens.

7
Seite 91

I.A.T., Via delle Tamerici 3/5, 63039 San Benedetto, Tel. 07 35 59 22 37, Fax 07 35 58 28 93; www.sanbenedettodeltronto.it E-Mail: iat.sanbenedettodeltronto@regione.marche.it

Albergo Progresso, Viale Trieste 40, Tel. 0 73 58 38 15, Fax 0 73 58 39 80; www.hotelprogresso.it; neues, sauberes Haus mit Flair. ○–○○

Mocambo, Via Cimarosa 4, Tel./Fax 07 35 65 96 70; www.hotelmocambo.it Modernes Haus in Meeresnähe, Familienbetrieb, gute Fischküche. ○○

Mocambo, Contrada Marinuccia 35, Tel. 07 35 8 73 44. Hausgemachte Nudeln in einem alten Bauernhaus mit Panoramaterrasse. ○○

Ascoli Piceno ⑲

Die Fahrt ins Landesinnere am Tal des Tronto entlang, der Grenze zur Region Abruzzen, führt nach Ascoli Piceno (51 800 Einw.).

*Piazza del Popolo

Das Herz der Stadt schlägt an der feinen Piazza del Popolo, deren Fronten von einladenden Laubengängen beschattet werden. An der westlichen Längsseite erhebt sich, von einem Glockenturm überragt, majestätisch der **Palazzo dei Capitani del Popolo.**

Tipp An der Piazza lädt das legendäre Jugendstilcafé **Meletti** zum Aperitif oder zum berühmten Anislikör.

Die Südseite der Piazza schließt die zur Erinnerung an den hl. Franziskus begonnene Kirche **San Francesco** (13. Jh.) ab. An ihre Travertinfassade ist die fünfbogige **Loggia dei Mercanti** angebaut. Zwischen den Arkaden des Kreuzgangs findet der Markt statt.

Rundgang im Stadtzentrum

Von hier gelangt man über die Via del Trivio und die Via Cairoli zu einer

Die Piazza del Popolo in Ascoli Piceno

der ältesten und schönsten Kirchen Ascolis, **SS. Vincenzo e Anastasio.** Im 6./7. Jh. gegründet, besitzt sie einen Campanile aus dem 11. Jh., ein gotisches Portal und eine stark gegliederte Fassade. Stimmungsvoll sind der romanische Innenraum und die geheimnisvolle Krypta.

Am Ende der Via Cairoli geht es gegenüber dem Eingang der Kirche **San Pietro Martire,** der größten der Stadt (13. bis 14. Jh.), in die Via dei Soderini, wo man an der Ecke der zweiten Gasse rechts auf den **Palazzetto Longobardo** (12. Jh.) mit seinen hübschen romanischen Doppelfenstern trifft. Der **Wohnturm** (11./12. Jh.) daneben ist der höchste der Stadt.

Stadtauswärts führt die genannte Gasse zum Hochufer des Tronto, an dem man rechts zum Brückentor, der **Porta Solestà** (1230), mit seiner Römerbrücke gelangt, über deren 21 m breiten und 25 m hohen Bogen seit 2000 Jahren der Verkehr rollt.

Vom Palazzo Comunale zum Dom

Südlich der Piazza del Popolo liegt die **Piazza Arringo,** einst das römische Forum und der mittelalterliche Versammlungs- und Marktplatz. Der Palazzo Comunale aus dem 17. Jh. beherbergt in alten sehenswerten Sälen die Pinakothek mit Werken u. a. von Tizian und dem 1498 in Ascoli verstorbenen Pietro Alemanno, aber auch herrliche Intarsienmöbel (tgl. 9–13, 15–19 Uhr). Links schließt sich der bischöfliche Palast und, den Platz begrenzend, der gewaltige **Dom Sant' Emidio** mit einer Fassade aus dem 16. Jh. an. Die Kapelle rechts vom Chor zeigt ein bedeutendes *Polyptychon von Carlo Crivelli (1473).

Marche Turismo, Piazza del Popolo 1, 63100 Ascoli Piceno, Tel. 07 36 25 30 45, Fax 07 36 25 23 91; www.turismo.marche.it, E-Mail: iat.ascolipiceno@regione.marche.it

Gioli, Viale A. De Gaspari 14, Tel. 07 36 25 55 50, Fax 07 36 25 21 45. Verkehrsgünstig am Rand der Altstadt; Garage. ❍❍

Ristorante Tornasacco, Piazza del Popolo 36, Tel. 07 36 25 41 51. Im ersten Stock eines alten Gebäudes mit herrlichem Blick auf die abends sehr belebte Piazza. Regionaltypische Spezialitäten wie die gefüllten und frittierten Oliven kann man mit dem berühmten ascolinischen Anislikör Anisetta Meletti abrunden; Fr geschl. ❍❍
▮ **Kursaal,** Via Mercantini 66, Tel. 07 36 25 31 40. Ascolaner Spezialitäten. Angeschlossen ist eine hervorragende Enoteca. ❍

Gastronomia Enoteca Migliori, Piazza Arringo 2. Delikatessen, u. a. die besten Ascolaner Oliven.

Veranstaltungen: 1. Augustsonntag **Giostra della Quintana** (Ritterturnier) **Nachtausgabe** am 2. Sa. im Juli.

7

Seite 91

Infos von A–Z

Autofahrer

Der nationale Führerschein genügt; Das Länderkennzeichen (D, A, CH) muss angebracht sein. Man muss auf größeren außerstädtischen Straßen immer mit Licht fahren. Die grüne Versicherungskarte wird empfohlen. ADAC-Notrufnummer: Tel. 02 66 15 91, tgl. 0–24 Uhr. Informationen (auch auf Deutsch): Tel. 8 031 16.

Einreisebestimmungen

Für EU-Bürger entfallen die Grenzkontrollen, die Mitnahme eines amtlichen Ausweises ist jedoch nach wie vor Pflicht. Für Schweizer genügt für einen bis zu dreimonatigen Aufenthalt der Personalausweis.

Für Haustiere werden eine höchstens 30 Tage alte amtstierärztliche Bescheinigung und ein bis zu elf Monate altes Tollwut-Impfzeugnis benötigt, für Hunde Leine und Maulkorb.

Fährgesellschaften (Piombino–Elba)

Die Fähren laufen von Piombino aus Portoferraio, Porto Azzurro, Rio Marina und Cavo an. Will man im Sommer sein Auto mitnehmen, sollte man sich Fr abends zur Hinfahrt und So abends zur Rückfahrt rechtzeitig einen Platz sichern. Für bestimmte Abfahrtszeiten werden Sonderpreise angeboten.

- **Toremar,** 57025 Piombino, P. Premuda, Tel. 0 56 53 11 00, www-toremar.it;
- **Navarma/Moby Lines,** Piombino, P. Premuda, Tel. 05 65 22 12 12, www.moby.it

Feiertage

1. u. 6. Januar, Ostermontag, 25. April, 1. Mai, 15. August, 1. November, 8. Dezember, 25. u. 26. Dezember.

Geld

Die italienische Währungseinheit ist seit 1.1.2002 der Euro (€). Ein Euro entspricht ca. 1,50 CHF.

An Geldautomaten mit ec-Zeichen (bei fast allen Banken aufgestellt) bekommt man mit ec-Karte und PIN-Nr. pro Tag bis zu 250 €. Kreditkarten werden in fast allen größeren Geschäften, Trattorien und Hotels akzeptiert.

Informationen

erhält man bei den Staatlichen italienischen Fremdenverkehrsämtern (ENIT), im Internet mit vielen Links unter www.enit.it. Die gebührenfreie Telefonnummer für Informations-und Prospektmaterial (D, A und CH): 008 00 00 48 25 42.

- **Deutschland:** 10117 Berlin, Friedrichstr. 187, Tel. (0 30) 2 47 83 97, Fax 2 47 83 99, E-Mail: enit-berlin@t-online.de; 60329 Frankfurt/M., Kaiserstr. 65, Tel. (0 69) 23 74 34, Fax 23 28 94, E-Mail: enit.ffm@t-online.de; 80336 München, Goethestr. 20, Tel. (0 89) 53 13 17, Fax 53 03 69, E-Mail: enit.muenchen@t-online.de
- **Österreich:** 1010 Wien, Kärntner Ring 4, Tel. (01) 5 05 16 39, Fax 5 05 02 48, E-Mail: delegation.wien@enit.at
- **Schweiz:** 8001 Zürich, Uraniastr. 32, Tel. (01) 2 11 36 33, Fax 2 11 38 85, E-Mail: enit@bluewin.ch
- In **Italien** helfen selbst in kleineren Orten die APTs (*Aziende di Promozione Turistica, Agenzia per il Turismo,* IAT, oder Pro Locos-Fremdenverkehrsämter) bei Hotelsuche, Ferien in Landhäusern, Fahrradverleih, Informationen zu Öffnungszeiten u. ä. weiter.

Konsulate

- **Deutschland:** Florenz, Lungarno Vespucci 30, Tel. 0 55 29 47 22, Fax 0 55 28 17 89;

Rom, Via San Martino della Battaglia 4, Tel. 06 49 21 31, Fax 0 64 45 26 72.
- **Österreich:** Rom, Viale Liegi 32, Tel. 06 8 55 28 80, Fax 06 85 35 29 91.
- **Schweiz:** Rom, Largo Elvezia 15, Tel. 06 80 95 71, Fax 0 68 08 08 71.

Medizinische Versorgung

Kostenfreie Behandlung erhalten EU-Bürger gegen Vorlage eines Auslandskrankenscheins (erhältlich bei der Krankenkasse). Die Apotheken *(farmacie)* haben Mo–Fr 9–13 und 16–20 Uhr geöffnet; sonntags, feiertags und nachts gibt es Notdienste.

Notruf

Rettungsdienst/Polizei: Tel. 1 18, 1 12 und 1 13; Feuerwehr: Tel. 1 15.

Öffnungszeiten

- **Geschäfte** sind meist von 9 bis 13 und von 15.30 bis 19.30 Uhr geöffnet, einige auch am Samstagnachmittag; manche haben dafür am Mittwochnachmittag geschlossen.
- **Banken** sind Mo–Fr von 8.30 bis 13.30 Uhr geöffnet (einige auch eine Stunde am Nachmittag). Am Wochenende kann man in größeren Städten an Bahnhöfen, Flugplätzen und Wechselautomaten Euro eintauschen.
- **Museen** haben wegen der Personalsituation oft eingeschränkte Öffnungszeiten. Die Abendöffnungszeiten im Sommer bis 22/23 Uhr hat die italienische Regierung aus Kostengründen wieder abgeschafft. In staatlichen Museen ist der Eintritt für EU-Bürger bis 18 und über 65 Jahre frei, von 18 bis 25 Jahre ist er um 50 % reduziert.
- **Kirchen** sind meist mittags von 12/13 bis 15/16 Uhr geschlossen.
- **Tankstellen** sind – außer an Autobahnen – über Mittag sowie an So/Fei geschlossen, manche haben aber Tankautomaten.

Parken

Fast alle historischen Innenstädte sind für Privatfahrzeuge gesperrt. Wer in einem Hotel im Stadtzentrum logiert, erhält dort eine Karte, die zur Anfahrt berechtigt. Alle größeren Städte besichtigt man bequem mit der günstigen Bahn und dann per öffentlichem Bus bzw. zu Fuß.

Postgebühren

Das Porto von Italien in EU-Staaten und die Schweiz beträgt für Postkarte und Brief bis 20 g 0,41 €.

Quittungen

Es ist Vorschrift, sich für Dienstleistungen, auch für einen Bar- oder Restaurantbesuch, eine Quittung *(ricevuta fiscale)* ausstellen zu lassen und diese aufzubewahren, da sonst bei Kontrollen eine hohe Geldstrafe droht.

Telefonieren

Telefonkarten *(scheda telefonica)* im Wert von 2,50 und 5 € erhält man in Tabacchi-Geschäften oder bei den Fernsprechämtern der Telecom.

Handy: Vor Reiseantritt sollte man beim eigenen Anbieter die günstigsten Netze in Italien erfragen. In den Abendstunden ist das Telefonieren mit dem Handy in der Regel billiger.

Vorwahl von Italien aus: Deutschland 00 49, Österreich 00 43, Schweiz 00 41. Auch bei Ortsgesprächen muss die Ortsvorwahl mitgewählt werden.

Zoll

Produkte für den persönlichen Bedarf darf man unbeschränkt ein- und ausführen. Dabei gelten folgende Höchstmengen als Anhaltspunkte, nicht als Vorschrift: 800 Zigaretten, 200 Zigarren, 1 kg Tabak, 90 l Wein.

Für Schweizer gilt: 200 Zigaretten, 1 l Spirituosen, 2 l Wein, Reiseandenken bis zu 100 CHF.

Langenscheidt Mini-Dolmetscher

Allgemeines

Guten Tag.	Buongiorno. [buon**dscho**rno]
Hallo!	Ciao! [**tscha**o]
Wie geht's?	Come sta? [**ko**me sta]
Danke, gut.	Bene, grazie. [**bä**ne **gra**zje]
Ich heiße …	Mi chiamo … [mi kj**a**mo]
Auf Wiedersehen.	Arrivederci. [arriwe**der**tschi]
Morgen	mattina [mat**ti**na]
Nachmittag	pomeriggio [pome**ri**dscho]
Abend	sera [**ß**era]
Nacht	notte [**no**tte]
morgen	domani [do**ma**ni]
heute	oggi [**o**dschi]
gestern	ieri [järi]
Sprechen Sie Deutsch?	Parla tedesco? [**par**la te**des**ko]
Wie bitte?	Come, prego? [**ko**me **prä**go]
Ich verstehe nicht.	Non capisco. [non ka**pis**ko]
Sagen Sie es bitte nochmals.	Lo può ripetere, per favore. [lo pu**o** ri**pä**tere per fa**wo**re]
…, bitte.	…, per favore. [per fa**wo**re]
danke	grazie [**gra**zje]
Keine Ursache.	Prego. [**prä**go]
was / wer / welcher	che / chi / quale [ke / ki / ku**a**le]
wo / wohin	dove [**do**we]
wie / wie viel	come / quanto [**ko**me / ku**an**to]
wann / wie lange	quando / quanto tempo [ku**an**do / ku**an**to **täm**po]
warum	perché [per**ke**]
Wie heißt das?	Come si chiama? [**ko**me ßi kj**a**ma]
Wo ist …?	Dov'è …? [do**wä**]
Können Sie mir helfen?	Mi può aiutare? [mi pu**o** aju**ta**re]
ja	sì [ßi]
nein	no [no]
Entschuldigen Sie.	Scusi. [**sku**si]
Das macht nichts.	Non fa niente. [non fa nj**än**te]

Sightseeing

Gibt es hier eine Touristeninformation?	C'è un ufficio di turismo qui? [**tschä** un uf**fi**tscho di tu**ris**mo ku**i**]
Haben Sie einen Stadtplan / ein Hotelverzeichnis?	Ha una pianta della città / un annuario alberghi? [a **u**na pj**an**ta **del**la tschit**ta** / un annu**ar**jo al**bär**gi]
Wann ist … geöffnet?	A che ora è aperto (m.) / aperta (w.) …? [a **ke o**ra ä a**pär**to / a**pär**ta]
geschlossen	chiuso (m.) / chiusa (w.) [kj**u**so / kj**u**sa]
das Museum	il museo (m.) [il mu**se**o]
die Kirche	la chiesa (w.) [la kj**ä**sa]
die Ausstellung	l'esposizione (w.) [lesposizj**o**ne]
Wegen Restaurierung geschlossen.	In restauro. [in res**tau**ro]

Shopping

Wo gibt es …?	Dove posso trovare …? [**do**we **pos**so tro**wa**re]
Wie viel kostet das?	Quanto costa? [ku**an**to **kos**ta]
Das ist zu teuer.	È troppo caro. [ä **trop**po **ka**ro]
Das gefällt mir (nicht).	(Non) mi piace. [(non) mi pj**a**tsche]
Gibt es das in einer anderen Farbe / Größe?	Ce l'ha anche di un altro colore / un'altra taglia? [tsche la **ang**ke di un **al**tro ko**lo**re / un **al**tra **tal**ja]
Ich nehme es.	Lo prendo. [lo **prän**do]
Wo ist eine Bank?	Dov'è una banca? [do**wä** una **bang**ka]
Ich suche einen Geldautomaten.	Dove posso trovare un bancomat? [**do**we **pos**so tro**wa**re un bangko**mat**]
Geben Sie mir 100 g Käse / zwei Kilo Pfirsiche	Mi dia un etto di formaggio / due chili di pesche. [mi **di**a un **ät**to di for**ma**dscho / **due ki**li di **päs**ke]
Haben Sie deutsche Zeitungen?	Ha giornali tedeschi? [a dschor**na**li te**des**ki]
Wo kann ich telefonieren / eine Telefonkarte kaufen?	Dove posso telefonare / comprare una scheda telefonica? [**do**we **pos**so telefo**na**re / kom**pra**re una **ske**da tele**fo**nika]

Notfälle

Ich brauche einen Arzt / Zahnarzt.	Ho bisogno di un medico / dentista. [o bi**son**jo di un **mä**diko / den**tis**ta]

Rufen Sie bitte einen Krankenwagen / die Polizei.	Chiami un'ambulanza / la polizia, per favore. [kj**a**mi un‿ambu**lan**za / la poli**zi**a per fa**wo**re]
Wir hatten einen Unfall.	Abbiamo avuto un incidente. [abbj**a**mo a**wu**to un intschi**dän**te]
Wo ist das Polizeirevier?	Dov'è la polizia? [do**wä** la poli**zi**a]
Ich bin bestohlen worden.	Mi hanno derubato. [mi **an**no deru**ba**to]
Mein Auto ist aufgebrochen worden.	Hanno forzato la mia macchina. [**an**no for**za**to la **mi**a **mak**kina]

Essen und Trinken

Die Speisekarte, bitte.	Il menu per favore. [il me**nu** per fa**wo**re]
Brot	pane [**pa**ne]
Kaffee	caffè / espresso [kaf**fä** / es**präs**so]
Tee	tè [tä]
mit Milch / Zucker	con latte / zucchero [kon **lat**te / **zuk**kero]
Orangensaft	succo d'arancia [**suk**ko da**ran**tscha]
Mehr Kaffee, bitte.	Un altro caffè, per favore. [un **al**tro kaf**fä** per fa**wo**re]
Suppe	minestra [mi**näs**tra]
Nudeln	pasta [**pas**ta]
Fisch / Meeresfrüchte	pesce / frutti di mare [**pe**sche / **frut**ti di **ma**re]
Fleisch	carne [**kar**ne]
Geflügel	pollame [pol**la**me]
Beilage	contorno [kon**tor**no]
vegetarische Gerichte	piatti vegetariani [pj**at**ti wed~~sch~~etar**ja**ni]
Ei	uovo [u**o**vo]
Salat	insalata [inßa**la**ta]
Dessert	dolci [**dol**tschi]
Obst	frutta [**frut**ta]
Eis	gelato [d~~sch~~e**la**to]
Wein	vino [**wi**no]
weiß / rot / rosé	bianco / rosso / rosé [bj**ang**ko / **ros**so / ros**e**]
Bier	birra [**bir**ra]
Aperitif	aperitivo [aperi**ti**wo]
Wasser	acqua [**a**kua]
Mineralwasser	acqua minerale [**a**kua mine**ra**le]
mit / ohne Kohlensäure	gassata / naturale [gas**sa**ta / natu**ra**le]
Frühstück	prima colazione [**pri**ma kolazj**o**ne]
Mittagessen	pranzo [**pran**dso]
Abendessen	cena [**tsche**na]
eine Kleinigkeit	uno spuntino [uno spun**ti**no]
Ich möchte bezahlen.	Il conto, per favore. [il **kon**to per fa**wo**re]

Es war sehr gut / nicht so gut.	Era molto buono. / Non era buono. [ära **mol**to bu**o**no / non **ä**ra bu**o**no]

Im Hotel

Ich suche ein gutes / nicht zu teures Hotel.	Cerco un buon albergo / un albergo economico. [**tscher**ko un bu**on** al**bär**go / un al**bär**go eko**no**miko]
Ich habe ein Zimmer reserviert.	Ho riservato una camera. [o riser**wa**to una **ka**mera]
Ich suche ein Zimmer für ... Personen.	Cerco una camera per ... persone. [**tscher**ko una **ka**mera per ... per**ßo**ne]
Mit Dusche und Toilette.	Con doccia e servizi. [kon **do**tscha e ser**wi**zi]
Mit Balkon / Blick aufs Meer.	Con balcone / vista sul mare. [kon bal**ko**ne / **wis**ta sul **ma**re]
Wie viel kostet das Zimmer pro Nacht?	Quanto costa la camera per notte? [ku**an**to **kos**ta la **ka**mera per **not**te]
Mit Frühstück?	Con prima colazione? [kon **pri**ma kolazj**o**ne]
Kann ich das Zimmer sehen?	Posso vedere la camera? [**pos**so we**de**re la **ka**mera]
Haben Sie ein anderes Zimmer?	Avete un'altra camera? [a**we**te un‿**al**tra **ka**mera]
Das Zimmer gefällt mir (nicht).	Mi piace la camera. / La camera non mi piace. [mi pj**a**tsche la **ka**mera / la **ka**mera non mi pj**a**tsche]
Kann ich mit Kreditkarte bezahlen?	Posso pagare con carta di credito? [**pos**so pa**ga**re con **kar**ta di **kre**dito]
Wo kann ich parken?	Dove posso mettere la macchina? [**do**we **pos**so **met**tere la **mak**kina]
Können Sie das Gepäck in mein Zimmer bringen?	Mi può portare i bagagli in camera? [mi pu**o** por**ta**re i ba**ga**lji in **ka**mera]
Haben Sie einen Platz für ein Zelt / einen Wohnwagen / ein Wohnmobil?	C'è ancora posto per una tenda / una roulotte / un camper? [tschä ang**ko**ra **pos**to per una **tän**da / una ru**lott** / un **kam**per]
Wir brauchen Strom / Wasser.	Abbiamo bisogno di corrente / acqua. [abbj**a**mo bi**so**njo di kor**rän**te / **a**kua]

Orts- und Sachregister

Personenregister

Zeichenerklärung

Unsere Preissymbole bedeuten:

Hotel:	❍❍❍	ab 110 €	Restaurant:	❍❍❍	ab 30 €
(DZ)	❍❍	über 80 €	(Menü)	❍❍	ab 20 €
	❍	bis 80 €		❍	bis 20 €

Polyglott im Internet: www.polyglott.de,
im Shell GeoStar unter www.ShellGeoStar.com,
im Travel Channel unter www.travelchannel.de

Alle Informationen stammen aus zuverlässigen Quellen und wurden sorgfältig geprüft. Für ihre Vollständigkeit und Richtigkeit können wir jedoch keine Haftung übernehmen.
Ergänzende Anregungen bitten wir zu richten an:
Polyglott Verlag, Redaktion, Postfach 40 11 20, 80711 München.
E-Mail: redaktion@polyglott.de

Impressum

Herausgeber: Polyglott-Redaktion
Autorin: Monika Pelz
Lektorat: Christine Gangl
Layout: Ute Weber, Geretsried
Karten und Pläne: Huber.Kartographie, Christiane Reiß
Satz: Tim Schulz, Dagebüll
Satz Special: Carmen Marchwinski, München

Erste Auflage 2003

Printed in Germany
ISBN 3-493-58723-6
Dieses Buch wurde auf chlorfrei gebleichtem Papier gedruckt.

Das unverwechselbare Polyglott-Sternchensystem

*** eine eigene Reise wert ** einen Umweg wert * sehr sehenswert

*** **Florenz**
*** Baptisterium
*** Uffizien
*** Santa Croce
** Dom Santa Maria del Fiore
** Dombaumuseum
** Campanile
** Loggia dei Lanzi
** Ponte Vecchio
** Palazzo Pitti
** Galleria Palatina
** Santa Maria Novella
** Bargello
*** **Pisa**
*** Dom
*** Baptisterium
*** Campanile (Schiefer Turm)
*** **Pienza** Piazza Pio II
** **Siena**
*** Piazza del Campo
*** Dom Santa Maria
** Palazzo Pubblico
** Libreria Piccolomini
** **Lucca** Dom San Martino
** **Prato** Dom
** **San Gimignano**
** **Volterra**
** Dom Santa Maria Assunta
** Museo Etrusco Guarnacci
** **Perugia** Fontana Maggiore
** Palazzo dei Priori
** Collegio del Cambio
** Kirche San Pietro
** **Gubbio** Altstadt
** Piazza della Signoria
** Palazzo Ducale
** **Assisi** Kloster San Francesco
** **Spoleto** Ponte delle Torri
** San Pietro fuori le mura
** Dom Santa Maria Assunta
** **Todi** Dom, Piazza del Popolo
** **Pistoia** Kirche Sant'Andrea
** Dom San Zeno
** Kirche San Giovanni
** **Orvieto** Dom Santa Maria
** **Viterbo**
** **San Marino**
** **San Leo**
** **Urbino**
** **Loreto und Recanati**
** **Chiusi** Museo Nazionale Etrusco
** **Arezzo** Kirche San Franceso

Mittelitalien im Internet

www.enit.it
www.turismo.toscana.it
www.regione.toscana.it
www.toscana.de
www.turismo.marche.it
www.omniway.sm
www.umbria2000.it
www.lastradadelvino.com

Die Autorin

Monika Pelz

studierte in München, Florenz und Pisa Geschichte, Politologie und italienische Linguistik. Sie lebt mit ihrer Familie in Pisa und hat Italien schon zuvor durch langjährige Aufenthalte kennen gelernt. Sie schrieb die Bände Polyglott on tour »Elba«, »Toskana«, »Florenz«, »Umbrien« und »Apulien« sowie die Polyglott-ReiseBücher »Rom« und »Toskana«.